영원히 정의의 편에

영원히 정의의 편에

초판 1쇄 인쇄 2025년 2월 5일
초판 1쇄 발행 2025년 2월 12일

지은이 홍윤오
발행인 전익균

이사 정정오, 윤종옥, 김기충
기획 조양제
편집 김혜선, 전민서, 백연서
디자인 페이지제로
관리 이지현, 김영진
마케팅 (주)새빛컴즈
유통 새빛북스

펴낸곳 도서출판 새빛
전화 (02) 2203-1996, (031) 427-4399 **팩스** (050) 4328-4393
출판문의 및 원고투고 이메일 svcoms@naver.com
등록번호 제215-92-61832호 **등록일자** 2010. 7. 12

값 22,000원
ISBN 979-11-91517-90-3 03300

홍윤오 지음

영원히 정의의 편에

지금 이 시대는 정의로운가?
인권변호사 강신옥의 육성 회고록

도서출판 새빛
SAEVIT

차례

1장
장기판의 졸이 돼버린 어느 판사

2장
지금, 이 법정은 정의롭습니까? – 민청학련 사건

7장
법의 역사는 정의와 불의의 투쟁사

처음과 끝이 같았던 사람

역사적 전환점에는 늘 초점사건Focusing Event이 자리하고 있기 마련이다. 우리나라를 민주화로 향하는 본 궤도에 올려놓은 데도 결정적 초점사건이 있었다. 나는 그것이 김재규 중앙정보부장의 박정희 대통령 암살이라고 생각한다. 박정희가 전후의 혼란 수습과 산업화의 일대 공신임에는 틀림이 없다. 동시에 장기 독재와 인권탄압이라는 과오 역시 부인할 수 없다. 박정희라는 '절대지존 각하'가 존재하는 한 민주화는 아름답고 낭만적인 구호였을 뿐이다. 민주화 실현을 위해 투쟁한 인물들은 적지 않았다. 그렇지만 민주화를 이상의 영역에서 현실의 세계로 불러들인 직접적 계기는 박정희의 돌연한 부존재였다.

박정희는 물론이고 그의 목숨을 앗아간 김재규 역시 더는 이 세상 사람이 아니다. 김재규가 전두환의 합동수사본부에 구금된 그 순간부터 그를 둘러싼 진실 또한 아울러 유폐되고 말았다. 김재규가 이런 일을 결행한 진정한 의도가 무엇인지, 내란목적 살인으로 곧바로 사형이 집행된 것이 옳았는지, 이 사건의 진정한 역사적 함의는 무엇인지 등에 관한 구체적 진실이 김재규의 사라짐과 함께 모조리 증발해버렸다. 강신옥은 감춰진 진실을 밝혀줄 유일한 증인이고, 이 책은 생전의 그가 아쉬움과 기대감을 섞어 남긴 기록들의 총화인 셈이다.

필자는 고故 강신옥 변호사의 사위다. 즉 가족의 일원이다. 필자는 중앙일간지에서 십수 년 동안 기자 생활을 하며 잔뼈가 굵었다. 이 회고록은 1991년 필자가 결혼 후 장인에게 직접 들어왔던 얘기들, 필자와 신문사 후배 K가 2015~2016년께 진행했던 장인과의 별도 인터뷰, 그 외의 기사나 각종 자료 등을 취합해 사실 위주로 정리한 기록이다. 대부분이 장인의 육성 그대로이기에 화자를 '나(강신옥)'로 했다. 장인이 워낙 꾸밈이 없는 성격이었던 까닭에 책 내용 중 몇몇 대목들이 본의 아니게 특정 개인의 명예나 이력에 불편함을 줄 수도 있다는 판단 아래 몇몇 등장인물은 영문 첫 글자로 표기했다.

2016년은 박근혜 전 대통령 탄핵 사태로 온 나라가 몸살을 앓던 때였다. 필자는 그즈음 장인에게 회고록 발간을 조심스럽게 제안했었다. 어떤 책이든 더 많은 독자가 읽어줄수록 좋은 법이다. 김재규에 대한 반감과 편견이 아직도 만연한 우리 사회 풍토에서 이보다 더 적당한 출간기회는 없을 터였다. 그러나 장인은 사위의 제안을 일언지하 거절했다. "상대가 어려운 곤경에 처했는데 그걸 이용해서 책을 내는 것은 옳지 못하다"라는 게 장인이 출판을 단호하게 거부한 이유였다.

장인은 2021년에 작고했다. 필자는 장인을 추모하는 뜻에서 회고록 출간을 다시금 추진했다. 때마침 박정희에 대한 역사적 평가를 둘러싸고 조금씩 변화의 기류가 감지되는 듯했다. 박정희의 공과功過의 크기를 비교하는 문제에서 공을 우선시하는 쪽 비율이 점점 더 높아지는 느낌이었다. 그런 때 회고록 출간은 자칫 김재규의 변호인이었다는 이유만으로 장인의 삶을 왜곡·폄훼할 수도 있겠다는 걱정이 고개를 들었다. 가족과 지인들에게도 유무형의 피해와 불이익이 생길지 모른다는 우려 역시 떨치기 힘들었다. 소시민들이 흔히 직면하는 생활인으로서의 고민이 필자에게도 잠시 찾아왔다. 이러한 고민은 오래가지 못했다. 얄팍하고 세속적인 손익계산에 밀려 역사적 소명을 저버리는 일은 너무나 철없는 행동임을 이내 깨달았기 때문이다.

사회의 세평이나 정치적 유불리는 늘 변하는 법이다. 층층이 쌓인 세월의 더께에 진실이 묻히면 거짓된 역사가 도리어 정설로 남게 된다. 산업화와 민주화를 차례로 달성하는 기적을 이뤄내며 전체주의와 자유민주주의와의 대결에서 후자가 마침내 승리한 듯했다. 그렇지만 분단이 고착화되고 지역대립과 이념투쟁이 깊어지면서 민주주의에 대한 믿음과 기대가 되레 흔들리는 모습이 작금에 포착되고 있다. 세계사의 흐름을 따라잡지 못해 일제의 식민지가 되었던 치욕의 역사와 6·25 전쟁의 상흔, 장기화된 분단의 후유증이 21세기 인공지능[AI] 시대에까지 짙은 그림자를 드리우고 있다. 말이 선진국이지 압축성장에 수반된 갈등과 분열과 불균형의 불씨는 여전히 타오르는 중이다. 설상가상으로, 반反지성주의와 포퓰리즘, 내로남불에 물든 맹목적 팬덤마저 득세하며 진실과 양심의 목소리들을 옥죄고 있다.

급기야 현직 대통령이 돌발적으로 선포한 비상계엄이 국회에 의해 곧바로 해제되고, 대통령 자신이 내란죄 논란에 휩싸여 국회에서 탄핵소추안이 가결되는 참담한 상황에까지 이르고 말았다. 곪으면 터지기 마련이다. 갈등의 골이 점점 더 깊어져 언제 어디서 어떻게 파괴적으로 폭발할지 알 수 없는 아슬아슬한 형국이다. 이 모든 게 우리가 함께 풀고 극복해야 할 운명적 과제이리라.

혼란의 시대일수록 존경할만한 어른의 낮고 묵직한 목소리가 절실해지기 마련이다. 이러한 견지에서 필자는 한 시대를 치열하게 살다간 참다운 어른의 생생한 기록을 더 늦기 전에 더 많은 이들에게 알리는 게 사회적·역사적 책무라고 생각했다. 확증

영원히 정의의 편에

편향과 진영논리가 횡행하는 지금, 누군가 불편한 진실을 매서운 죽비소리로 세상에 알려줘야 하지 않을까?

김재규를 주제로 한 스토리와 콘텐츠는 책이나 영화, 연재물 등 다양한 형태로 지금까지 제법 등장한 터이다. 문제는 이것들 대부분이 전두환 합수부의 수사기록을 뼈대로 삼고 있다는 점이다. 즉, "김재규는 차지철과의 충성경쟁에서 밀려 욱하는 심정에 내란 목적으로 박정희를 시해한 패륜아"라는 기본 얼개의 한계와 영향권에서 좀처럼 벗어나지 못해왔다. 여기에 김재규 본인의 건강위중설, 축재蓄財설, 미국 CIA의 사주설 등이 무책임하게 가세해왔다. 검찰·경찰 수사기록조차 순순히 인정하지 못하는 마당에 전두환 합수부 수사기록만은 다들 왜 그렇게 신뢰하는지 참으로 의아할 따름이다. 전두환 합수부가 그렇게 수사를 잘해낸 덕택에 김재규의 '내란 목적 대통령 시해'가 밝혀졌다면 전두환이야말로 구국의 영웅이자 역사적 공로자가 아닌가? 이러한 논리는 지독한 자가당착이자 인지부조화일 테다.

원래 강신옥은 김재규와 일면식도 없는 사이였다. 유신 시절로 따지면 오히려 피해자와 가해자 관계였다. 그런 그가 김재규의 생전 마지막 5개월여를 직접 마주하고 내린 판단은 "김재규는 민주화의 의인이었다"는 것이다. '내란 목적 살인'에서 적어도 '내란 목적'이란 죄명은 뺌으로써 김재규에게 최소한의 명예회복을 시켜줘야 한다는 게 강신옥의 결론이었다. 강신옥이 왜 그런 명제에 도달했는지를 규명하는 것 또한 이 책의 중요한 출간 이유 중 하나이다.

필자는 10·26이 김영삼YS과 김대중DJ으로 대표되는 민주화 운동 1세대들에게는 어떤 의미로 받아들여졌는지가, 당시에는 아직 감수성 예민한 청소년들이었을 이른바 586세대에게 이 사건이 어떻게 자리매김하고 있는지가 자못 궁금했다. 이 책은 그 부분과 관련해 "각하는 갈수록 애국심보다 집권욕이 강해졌다"라는 김재규의 직설적 고백을 통해 의미심장한 시사점을 제공하고 있다.

박정희의 열성 지지자들이 불편한 감정을 품는 것은 어쩌면 당연할지도 모른다. 그러나 강신옥이 YS와 DJ의 지지자들로부터 열렬한 응원을 받지 못하는 현상은 쉽게 이해되지도, 동의되지도 않는다. 강신옥은 자타공인 우리나라 1세대 인권변호사였다. 민주화운동에 대한 강신옥의 기여와 공로는 아무리 강조해도 지나치지 않다. 생전의 커다란 공헌과는 걸맞지 않았던 강신옥의 정치적 위상과 사회적 지명도는 순수한 이상과 냉정한 현실 사이의 괴리가 넓고 깊음을 우리 모두에게 씁쓸하게 일깨우고 있다. 그 해답의 실마리 역시 이 책의 행간에서 유추할 수 있다.

강신옥은 군부독재 정권의 희생자였음에도 민주화 보상금을 거부했다. 보상을 받으려고 민주화 운동을 했던 것 아니냐는 오해를 사기 싫어서였다. 매달 나오는 국회의원 연금도 그는 일찌감치 거절했다. 그가 가진 재산이라고는 평생 살아온 서울 성산동 단독주택을 팔아 옮겨간 서초동 주상복합 아파트 한 채가 전부였다. 그는 평소 "인권변호사라서 돈을 못 번다는 말은 거짓말이고 마음만 먹으면 그 명성으로 더 벌 수도 있다"라고 말하곤 했다. 그의 인생은 말과 행동이 일치하고, 시작과 끝이 일관된 당당하고 담백한 삶 그 자체였다. 유신 시절, 내면의 양심과 갈등은 했으나 권력에 순응해야만 했던 지식인과 법조인들은 잘 알 것이라 믿는다. 법과 양심을 위해 불의에 맞섰던 강신옥의 불굴의 용기를.

　　당당하고 담백한 사람, 강신옥 장인어른께 이 책을 헌정한다.

2025년 1월에 백림白臨 홍윤오

1장

장기판의 졸이 돼버린
어느 판사

인권변호사로 가는 길

불굴Invictus

Out of the night that covers me,

나를 덮고 있는 밤의 어둠,

Black as the Pit from pole to pole,

극지에서 극지까지 지옥처럼 캄캄한 이 어둠 속에서,

I thank whatever gods may be

나는 나의 꺾이지 않는 영혼을 준 신들에게 감사한다.

For my unconquerable soul.

In the fell clutch of circumstance

잔혹한 운명의 손아귀 속에서도

I have not winced nor cried aloud.

나는 움츠리지도, 소리내어 울지도 않았다.

Under the bludgeonings of chance

무작위로 내리치는 시련의 몽둥이 아래에서

My head is bloody, but unbowed.

내 머리는 피투성이가 되었지만, 굽히지 않았다.

Beyond this place of wrath and tears

분노와 눈물이 가득한 이곳을 넘어

Looms but the Horror of the shade,

죽음의 공포가 어렴풋이 다가오지만,

And yet the menace of the years

긴 세월의 위협이 나를 찾아온다 해도

Finds, and shall find, me unafraid.

난 두려움 없이 맞설 것이다.

It matters not how strait the gate,

문이 아무리 좁고,

How charged with punishments the scroll.

죄악의 기록이 아무리 가득차 있어도

영원히 정의의 편에

I am the master of my fate.

나는 내 운명의 주인이고,

I am the captain of my soul.

나는 내 영혼의 선장이다.

—윌리엄 어네스트 헨리(William Ernest Henley, 1849~1903).

1963년 11월, 나는 법복을 벗었다. 서울지방법원 판사로 임관한 지 겨우 1년 3개월 만이었다. 판사의 인사이동을 장기판의 졸병 옮기듯 하는 부당한 인사 발령에 순순히 따를 수 없었기 때문이다.

그즈음은 변호사는 정년퇴직한 판사와 검사들이나 하는 직업으로 여겨지던 때였다. 젊어서부터 변호사로 개업하는 일은 좀처럼 상상하기 어려운 분위기였다. 변호사의 역할과 위상에 대한 제대로 된 인식이 우리나라에서 정착되기 전이었다.

법대에서 배운 대로라면 사표를 내는 게 당연했고, 나는 판사직에서 물러나는 게 정답이라는 결론에 이르렀다. 나는 판사를 계속하고 싶다는 미련을 억누르며 비장한 각오로 법원 문을 나섰다. 내 법관 생활은 그렇게 단명했다.

나는 남들이 모두 선망하는 판사를 왜 그만두기로 작정했을까? 예비군 소집훈련을 일주일 동안 받은 후, 근무처인 서울지방법원으로 돌아오니 나는 경주지원으로, 이세중李世中 판사는 전라도 어느 지원으로 각각 전보 발령이 나 있었다. 5·16 군사쿠데타로 집권한 지 얼마 되지 않았던 박정희 정권은 시위 학생들에 대한 구속영장 기각이 늘어나면서 젊은 법관들에 대해 곱지 않은 시선을 갖게 되었다. 이참에 젊은 법관들을 손봐줘야겠다고 생각한 정권 수뇌부가 젊은 법관 두 명을 일종의 시범사례로 삼아 지방으로 내쫓아버린 것이었다.

정작 나는 정권의 신경을 곤두서게 만든 시국 사건 판결과는 크게 상관이 없었다. 내가 맡은 일반 사건들 가운데 판결문이 선고 후에 조금 늦게 나온 일이 있었는데, 그건 내 잘못이라기보다는 선배 판사의 실수 성격이 강했다. 아마 그 일이 빌미로 작용했던 모양이다.

나는 지방으로 내려가는 일에는 불만이 없었다. 법원은 엄연한 조직이고, 조직의 명령에 무조건 반발하는 게 능사는 아니었다. 나는 예비군 소집훈련도 평범한 일반인들처럼 기꺼이 갔다 올 만큼 오만한 특권의식과는 담을 쌓고 살아왔다. 그렇지만 정기 인사철도 아닌 시기에 사전 통보는커녕 그 어떠한 일언반구조차 없이 급작스럽게 인사 명령이 내려졌다. 어느 모로 보나 권력의 외압이 작용한 게 확실했다.

나와 이세중이 주저 없이 사직서를 던지자, 적잖은 선배 법관들이 대경실색하며 사표 제출을 만류했다. 한성수 서울고등법원장은 6개월 뒤에 복귀시켜 줄 테니 일단은 지방에 내려갔다 오라고 설득하며 나를 달랬다.

내 인사 문제를 내 입으로 얘기하자니 무척이나 계면쩍다. 나는 권력의 입김으로부터 자유롭고 행정부의 간섭을 받지 않는 자율적 사법부를 꿈꾸며 법복을 입었다. 따라서 내 일은 한 개인의 거취 수준을 떠나 사법부 전체의 독립 차원에서 대응해야 옳다고 생각했다. 인사를 농단하는 식으로 사법부의 독립성을 침해하면 마땅히 저항해야만 했다. 고개를 숙이고 순응하면 사법부를 우습게 볼 게 뻔했다. 법학 교과서에 실린 사법 독립은 단순한 빈말에 머물러선 안 되었다.

나는 내 운명은 내가 개척하겠다는 결연한 자세로 마음을 독하게 다잡았다. 기개 있는 법조인이라면 저항해야만 할 때 저항해야 한다는 소신은 지금도 변함이 없다. 권력의 부당한 간섭에 맞서서 "대한민국 법원에 사표 낼 판사가 강신옥 한 사람밖에 없는 줄 아십니까?"라고 결기 있게 정권에 호통치는 사법부 수뇌부의 호기로운 모습을 나는 늘 꿈꿔온 터였다.

내가 사직한 이후로 젊은 판사들을 겨냥한 졸렬한 인사 보복 조치는 한동안은 모습을 감췄다. 내게 주어진 '인권변호사'라는 영광스러운 타이틀은 판사직을 그만둘 때의 마음가짐을 잃지 않으려고 노력한 덕분에 받게 된 과분한 선물이었다. 이때의 경험은 그 어떤 불이익을 당할지언정 옳고 그름을 분명하게 가리겠다는 결심을 내가 평생 지키도록 만들어준 일생일대의 중요한 사건이었다. 동시에 나와 박정희 정권의 악연이 시작된 계기이기도 했다.

사법부를 떠난 이듬해인 1964년 1월 13일 자 법률신문에 나는 다음과 같은 '퇴관의 변'을 썼다. 당시의 원문을 그대로 옮기는 바이다.

퇴관의 변 1964년 1월 13일

요사이 같이 자유自由롭다는 것의 가치價値를 절실切實하게 느껴본 때가 없다.

우리가 생生을 영위當爲해 감에 있어 우리 생활주변生活週邊에서 우리에게 던져지는 도전挑戰에 대對한 응수應酬를 우리 자신自身의 자유의사自由意思로 결단決斷을 내리고 자기自己의 운명運命 진로進路를 선택選択할 수 있는 자유自由를 누릴 수 있는 사회社會에 태어난 행복幸福을 하나님께 감사感謝하고 싶은 마음 간절하다.

1년年 3개월간個月間의 판사생활判事生活이란 너무나 짧은 경험經驗이었고 판사判事로서 제대로 일을 배우지도 해보지도 못하고 물러나게 된 서운함에 대해서는 개인적個人的인 것이라 말할 필요必要조

영원히 정의의 편에

차 없으리라. 그러나 하나의 인격체人格體인 인간人間이 목적目的으로
서가 아니라 수단手段으로 취급取扱받았을 때의 불쾌감不快感은 비길
데가 없는 것이다.

　불쾌不快한 처사處事에 대對한 나의 응수應酬가 나의 장래將來를 그
릇된 경박輕薄한 것으로 만들었는지 아니면 겸손謙遜의 미덕美德을
모르고 한 행동行動이었는지는 시간時間을 두고 판단判斷할 것이다.
이젠 나 자신自身이 나의 군주君主이니 나 자신自身에게 성실誠實할 것
이고 나의 운명運命을 개척開拓해 나가리라.

　자유自由는 마음껏 즐겨 보는 대신代身, 그 결과結果는 운명運命으
로 감수甘受하고 책임責任질 각오覺悟나 단단히 가져야겠다.

　끝으로, 부디 앞으로는 대법원大法院의 인사행정人事行政에 확고確
固한 불문율不文律이라도 세워 당사자當事者들이 납득納得할 수 있는
인사행정人事行政을 바랄 뿐이고 나의 문제問題를 내가 말하게 된 용
렬庸劣함을 독자제현讀者諸賢은 용서容恕하시기를

강신옥姜信玉 변호사辯護士

참을 수 없는 회유의 가벼움

법복을 벗고 서울 종로에서 변호사 사무실을 개업한 얼마 후, 미국으로 유학을 떠날 수 있는 기회가 생겼다. 미국으로 건너간 나는 예일대에서 공부를 시작해 조지 워싱턴 대학에서 석사 학위MCL : Master of Competitive Law를 취득했다.

미국 유학 시절에 만난 우리나라 사람 중에는 판사를 그만둔 나의 결정에 대해 아쉬움을 토로하며 선의를 갖고서 조언을 해주는 관료 출신 선배들이 몇 명 있었다. 그들의 조언은 나에게 거의 영향을 주지 못했다. 유학을 마치고 고국으로 돌아가면 부정한 권력과 타협하고, 불의한 현실에 적응해야 한다는 뜻의 조언이었기 때문이다. 나는 그러한 비겁하고 유약한 공직자들이 성공하고 득세하는 한국의 현실이 그저 안타까울 따름이었다.

조지 워싱턴 대학에서 한창 법학 공부에 열중하던 때였다. 나는 국회에서 요직을 역임한 B 선배, 장면 정권의 2인자로 불렸던 K 전 장관, 외교관인 S 등과 함께 미국의 수도 워싱턴 DC의 어느 식당에서 식사를 같이하게 됐다.

B 선배는 나와는 고등학교 동문이기도 했는데, 자신이 지방의 한 고검장으로 좌천 인사를 당한 경험담을 털어놨다. 어이없는 인사 조치에 분개한 그가 법무부 장관을 찾아가 항의했더니 이기붕 쪽에서 특정인을 차관에 앉히려는 목적으로 그를 좌천시켰다는 답을 듣고서 참았다는 얘기였다. 나는 법무부의 고위 공직자가 그런 부당 인사에 얌전히 수긍하니 자유당이 망한 것 아니냐고 그 자리에서 B 선배를 향해 쓴소리를 했다.

K 전 장관도 마찬가지였다. 그는 5·16 군사쿠데타 직후 장관직에서 타의로 물러난 상황이었다. 설상가상 격으로, 그가 냉장고 한 대 값에 상응하는 뒷돈을 받았다는 국가재건최고회의 담화까지 발표되며 뇌물수수 혐의로 투옥까지 당하고 말았다. 그를 어떻게든 잡아넣을 명분을 찾다 보니 고작 그 정도 액수의 금품 수수를 걸고넘어졌다는 얘기였다. 그러니 K 전 장관이 박정희 정권에 감정이 좋을 리 없었다.

나중에 육군 특무대에서 나온 이야기는 조금 결이 달랐다. 특무대는 육군 보안사령부를 거쳐 지금은 국군 기무사령부로 바

꿰었다. K 전 장관이 다른 직책으로 정부에서 근무할 때 외무부에서 전화를 걸어와 한일 국교 정상화 회담에 실무진으로 참여한 일본 측 인사와의 저녁 식사 자리에 참석해달라고 요청했다고 한다. K 전 장관은 요청에 응해 식사 자리에 합류했고 양국 참석자들 사이에 자연스럽게 술잔이 돌았다.

그런데 K 전 장관의 시중을 들던 여자 종업원이 하필이면 당시 최고 권력자와 모종의 관계에 있었다는 것이다. 그로 말미암아 보복의 희생양이 됐다는 게 K 전 장관의 설명이었다. 그는 문제의 권력자를 좀스럽다고 비난했고, 나는 그가 충분히 화가 날 만 하다고 생각했다.

그토록 최고 권력자를 미워하던 K 전 장관은 얼마 후에 박정희 정부에 입각해 나중에 주요국 대사 자리까지 역임했다. 다나카 가쿠에이田中角榮 전 일본 총리가 일제 강점기에 충남에서 건설 사업을 했는데 그때 K 장관이 그 지역에서 군수를 지낸 경력이 있는 까닭에 두 사람의 개인적 인연을 활용하려는 인사였다고 한다. 나는 5·16 쿠데타로 인해 무너진 장면 정권의 고위 관료가 박정희 정권에서도 승승장구하는 광경을 지켜보는 게 썩 유쾌하지는 않았다.

이러한 쓸쓸한 경험들이 되풀이되면서 나는 법복을 벗기를 잘했다는 생각이 더욱더 굳어졌다. 판사와 검사들에게는 지사적 면모가 있어야 한다. 나는 권위주의 정권 시기에 정의와 양심을 지키고자 자기의 자리를 걸었던 의롭고 용감한 판검사 다섯 명만 있었어도 수백~수천 명의 억울한 시민들과 무고한 학생들의 피해와 희생을 막을 수 있었을 것이라고 확신한다.

굳이 이념을 따지자면 나는 진보보다는 보수에 훨씬 더 가깝다. 남북 관계, 재벌 체제, 계층 갈등 등 우리 사회를 진보와 보수로 오랫동안 갈라놓은 문제들을 바라보는 내 시각은 오랜 세월의 흐름에도 그다지 바뀌지 않았다. 나의 이념적 지향이 바뀔 만한 특별한 계기도 없었던 듯하다.

그러나 시비를 분별하는, 조금 거창하게 표현하면 정의와 불의를 가리는 일과 관련해서는 나는 진보와 보수의 구분도, 좌파와 우파의 차이도 없다고 생각한다. 옳고 그름을 분명하게 따지는 것만으로 충분하다고 믿는다. 다만, 본인의 선택에 따른 대가를 기꺼이 감당하겠다는 용기는 요구된다.

운명은 결과론적 개념이다. 나는 운명에 수동적으로 끌려가는, 상황 논리에 소극적으로 순응하는 삶을 살아오지 않았다. 주도적이고 능동적으로 인생의 진로를 담대하게 개척해 왔다고 자부한다. 우리는 인생을 살아가면서 이와 같은 기개가 요구되는 때에 종종 직면하기 마련이다. 법조인은 이러한 기개에 더하여 양심 또한 필요한 직업일 것이다.

2장

지금, 이 법정은 정의롭습니까?
— 민청학련 사건

차라리 나를 피고인석에 앉혀라

1974년 7월 9일, 국방부 영내 육군본부에 마련된 비상 보통 군법회의 법정에서 전국민주청년학생총연맹, 약칭 '민청학련' 사건 결심공판이 열렸다. 나로서는 무척이나 심란한 날이었다.

이날 공판에서 김병곤, 김지하, 나병식, 여정남, 유인태, 이철, 이현배 등 7명에게 사형이 구형됐다. 류근일 등 다른 7명에게는 무기징역이 구형됐다. 고문으로 날조된 혐의임에도 검찰 측 구형은 무지막지했다. 심지어 이날 재판이 결심공판이라는 것도 예고되지 않았다. 나는 공판이 진행되는 도중에야 이 사실을 알게 되었다. 참으로 어이없는 일이었다.

처음부터 사실관계나 법조문은 무의미한 재판이었다. 나는

이 재판이 과연 정의롭고 공정한 재판인지에 대한 문제 제기에
집중했고, 그러다 보니 변론이 격해질 수밖에 없었다. 내가 법정
에서 했던 말들 가운데 몇 가지를 간추려 소개해 보겠다.

"법이 권력의 시녀, 정치의 시녀라고 단정하게 됐다."

"검사들이 학생들을 빨갱이로 몰아 사형을 구형하고 있다. 사법
살인 행위다."

"변호인으로서 변호한다는 것이 차라리 피고인석에 앉아 있는
것만 못한 심정이다."

"악법은 지키지 않아도 좋다. 저항할 수 있다."

"악법에 저항한 학생들에게 그 악법을 적용하는 것은 역사적으
로 후일 문제가 될 것이다."

"나치스 정권 아래에서 아내가 남편과 이혼할 목적으로 남편이
나치스를 욕했다고 고발했다가 나치스 정권이 무너진 후 처벌된 사
례가 있다."

"러시아 니콜라스 1세 황제 치하에서 귀족 표트르 차다예프가
러시아를 후진국이라고 한마디 했다가 황제로부터 미쳤다는 판정
을 받았다."

그러자 어디선가 그만하라는 고함이 울려 퍼지며 법정은 순
식간에 아수라장이 되고 말았다. 판사는 내게 변론을 중단할 것

을 다그치며 휴정을 알리는 망치 소리를 연신 거칠게 "땅·땅·땅!" 울려댔다. 재판은 중단됐고, 동료 변호사들은 걱정 가득한 눈길을 내게 보냈다.

나는 이날의 변론 내용이 문제가 되어 얼마 후 구속기소가 됐다. 나는 변호사가 법정 변론 때문에 처벌당한 어처구니없는 상황 탓에 단숨에 국제적으로 유명 인사로 떠올랐다. 미국 유수의 언론매체인 뉴욕타임스는 이 사건을 1면과 2면에 걸쳐 비중 있게 보도했고, 필리핀에서 열린 세계 법률가대회에서는 한국 정부의 얼토당토않은 조치를 맹렬하게 성토했다.

이날 사형이 구형된 민청학련 사건의 여정남과 전날 사형이 구형된 인민혁명당 즉 인혁당 재건위원회 사건의 7명은 이듬해인 4월 8일 전격적으로 사형이 집행됐다. 대법원의 원심 확정 후, 겨우 18시간 만이었다. 사형 집행이 너무나 기습적으로 이뤄진 탓에 어찌 손써볼 도리가 없었다. 이 땅의 정의롭고 순수했던 영혼들이 이렇게 무참하게 희생됐다. 그들을 살리려 백방으로 노력했던 나는 참담한 마음을 금할 수가 없었다.

민청학련 재판은 권력의 사법쇼

　　민청학련 사건 변론은 1974년 6월, 서울대 영문과의 백낙청 교수가 나를 찾아와 구속된 시인 김지하(본명 김영일)의 변호를 의뢰하면서 시작됐다.

　　1974년은 박정희 정권이 영구집권의 미몽에서 헤어나지 못하고 구축한 10월 유신체제를 향한 학생들과 시민들의 분노와 항의가 커가던 시기였다. 박정희의 권력욕을 정당화해 온 '경제성장'과 '국가안보'라는 두 개의 전가의 보도는 그 칼날이 갈수록 무뎌졌다. 박정희 정권에게 남은 선택은 자명했다. 종신집권의 야욕을 버리고 주권자인 국민에게 권력을 돌려주는 일이었다. 그러지 않으면 민청학련 사건 같은 저항이 반복될 수밖에 없었다.

　　　　　　　　　　　　　　　　　　영원히 정의의 편에

박정희 정권은 거꾸로 갔다. 힘으로 밀어붙이는 데만 골몰하며 외려 탄압을 강화했다. 일례로 유신체제에 대한 모든 비판이 금지됐다. 유신을 비판한 시민들을 중앙정보부장 감독 아래 영장 없이 체포해 비상군법회의에서 징역 15년까지 처벌하도록 규정한 대통령 긴급조치 1호와 2호가 1974년 1월 발동됐다. 개헌 청원 운동을 주도했던 장준하와 백기완부터 긴급조치 위반으로 붙잡혀 들어갔다. 헌법 개정 청원은 민주주의 사회에서 누구나 할 수 있는 행동이다. 그런데 헌법을 비판하면 안 된다니?

폭압적 조치는 계속 이어져 같은 해 4월에는 민청학련 관련자들을 표적 처벌하는 내용으로 일종의 소급 조치인 대통령 긴급조치 4호가 발표됐다. 긴급조치 4호에는 정당한 이유 없이 수업 출석과 시험을 거부하는 학생들을 처벌하는 내용마저 포함됐다. 전 세계인의 배꼽을 쥐게 만들 희극이 따로 없었다.

박정희 정권은 학생들의 시위와 헌법 개정 운동을 막기 위해 민청학련이라는 가공의 단체를 만들어냈다. 긴급조치 4호에는 민청학련을 범죄 단체로 규정하고는 거기에 관여하거나 가담한 사람들을 사형할 수 있도록 하는 무시무시한 내용이 들어 있었다.

곧바로 중앙정보부는 반정부 세력인 민청학련이 인혁당을 비롯한 국내외 공산주의자들과 함께 정부 전복을 기도했다는 내용의 이른바 민청학련 및 인혁당 재건위 사건을 발표했다. 인혁당 사건은 새로운 게 아니었다. 10년 전인 1964년에도 검사들이 수사에 착수했다가 도저히 기소할 수가 없다는 결론을 내리고 상부의 기소 압력에 맞서 사표를 낸 바 있었다. 당황한 검찰 수뇌부는 숙직 검사를 통해 기소를 강행했다는 보도가 나왔었다.

학생들의 유신체제 반대시위가 격렬해지자, 정권은 10년 전 사건을 캐비닛에서 다시 끄집어냈다. 대구 지역에 사건과 관련된 사람들이 여럿 살았기 때문인지 박 정권은 경북대학교 출신의 여정남을 인혁당과 민청학련의 연결고리로 옭아맸다. 그리고 민청학련이 공산 혁명을 지향하는 인혁당의 배후 조종을 받았다고 다짜고짜 덮어씌웠다. 실체도 없는 조직을 만들어내고는 모진 고문을 가해 억지로 범죄 혐의를 갖다 붙인 엉터리 수사이자 기소였다. 이 엉터리 수사와 기소는 반문명적 '사법살인'으로 귀결되는 출발점이 되었다.

이 사건으로 무려 1,024명이 연행되었다. 한국 사법 사상 최악의 조작 사건이었다. 기소된 사람들 가운데에는 윤보선 전 대통령, 박형규 제일교회 목사, 김동길 연세대 철학과 교수, 김찬국 연세대 신학과 교수, 지학순 천주교 원주 교구장, 장준하, 백기완, 김지하, 이철, 유인태 등이 포함돼 있었다.

민청학련 사건으로 인해 한국기독학생회 총연맹KSCF 소속 학생들이 여러 명 구속돼 있었기 때문에 한국기독교교회협의회KNCC의 김관석 총무가 내게 그들의 변호를 의뢰했다. 나는 김지하와 KSCF의 나병식, 정문화, 황인성, 안재웅, 이직형, 정상목, 나

상기, 서경석, 이광일, 그리고 변호사 선임 없이 국선 변호를 받고 있던 여정남까지 11명의 변호를 담당하게 되었다.

여정남은 내게는 고등학교 후배였던 데다 그의 국선 변호인이었던 안이준 서울대 법대 교수가 내 은사여서 나는 여정남 변호를 자진해서 맡겠다고 나섰다. 민청학련과 인혁당 재판은 별개로 진행됐지만, 여정남은 양쪽 사건에 전부 연루되었기에 나는 민청학련 사건과 관련해 그를 변호하게 됐다. 민청학련 사건에는 나를 포함해 이세중, 한승헌, 황인철, 홍성우 등 7명으로 변호인단이 구성됐다. 사형 결정이 내려질 수도 있는 엄중한 사건이었음에도 재판은 쇼를 방불하게 할 만큼 지극히 형식적으로 건성건성 진행됐다.

무엇보다도 변호인의 피고인 면회가 첫 공판 기일 하루 전, 단한 차례만 허용됐다. 공소장만 해도 600쪽이 넘는 방대한 분량이었음에도 기록 열람마저 딱 하루만 가능했다. 게다가 변호인들의 증인 신청은 모조리 기각됐다. 피고인의 권리도, 변호인의 권한도 공공연히 무시되기 일쑤였다. 변호인단은 재판부의 부당한 조치에 강력히 항의했지만, 소 귀에 경읽기였다.

재판은 긴급조치 아래에서 비상군법회의로 진행됐다. 방청 인원은 피고인의 직계가족 1명으로 제한됐고, 기자들조차 재판 상황을 기록할 엄두를 감히 내지 못했다. 군사경찰의 경계가 그만큼 삼엄했다.

재판은 속도전식으로 거의 매일 속개됐다. 나는 단 하루, 그것도 30~40분에 지나지 않은 짧은 시간 동안 김지하를 비롯한 피고인들을 면회한 것만으로도 이들에게 죄가 없음을 확신할 수 있었다.

시인이고 예술가인 김지하는 논리정연한 달변의 소유자였다. 그리고 불굴의 투사였다. 그는 모든 혐의를 부인했을뿐더러 자신이 무엇을 자백했는지 아예 기억조차 하지를 못했다. 박정희 정권의 유신에 반대했다는 이유만으로 한 사람에게 엄청난 비인간적 고문을 가해 엉터리 수사 기록을 만들어낸 탓이었다.

재판 진행 과정은 부실과 날림의 연속이었다. 심지어 참고인들마저 검찰에서 진술했던 내용을 법정에서 부인하는 웃지 못할 촌극까지 빚어졌다.

왜 이런 사태가 벌어졌을까? 피고인들이 공소 내용을 부인하고 변호인들이 참고인 진술조서의 증거 채택에 동의하지 않자, 검찰 측이 공소 내용을 입증하기 위해 증인들을 60~70명씩이나 신청했기 때문이다. 검찰은 그러고서 정작 참고인들의 증언을 듣는 날에는 피고인들을 참석시키지 않았다. 변호인은 피고인의 참석권이 박탈된 증인 신문은 위법임을 항의했으나 재판부는 이 정당한 항의까지 받아들이지 않았다.

참고인들 가운데 앞부분에 증인으로 나온 10명 정도의 사람이 검사의 직접 신문이 끝나고 변호인들의 반대 신문이 시작되자 검찰의 주장을 반박했다. 피고인들이 시위에 나서려 했다는 점을 제외하면 폭력 행사, 정부 전복, 공산주의 국가 건설 목적의 반국가단체 구성 등에 대해서는 증인들이 진술한 사실이 없었다. 검찰관들 임의로 조서를 작성하고는 여기에 지문이나 도장을 찍으라고 강요해서 자신들의 의사에 반해서 만들어진 조서에 지문을 찍거나 도장을 찍었다는 게 증인들의 한결같은 증언이었다.

그러자 검찰은 변호인의 반대 신문이 무인이나 날인 사실 여부를 가리는 데 국한돼야 한다고 주장했다. 도장을 찍은 게 사실인지만을 확인하자는 뜻이었다. 진술 내용의 사실 여부는 따지지 말자는 투였다. 변호인들은 검찰의 터무니없는 요구에 맹렬히 반대했다. 그런데도 재판부는 검찰 측 의견을 받아들였다. 진실을 밝히는 일에는 아무 관심이 없는 법정이 돼갔다.

이 사건은 과거의 통일혁명당 사건과는 처음부터 달랐다. 우선은 조직의 실체가 없었다. 수사 과정에서 고문으로 허위 진술을 강요해 아예 존재하지도 않았던 조직을 거짓으로 꾸며냈다.

피고인들이 유신을 반대함으로써 긴급조치 1호를 위반한 건 사실이었다. 그러나 이것은 유신 정권의 장기 집권을 저지하고 민주주의를 회복하기 위해 학생과 종교인들이 자신들의 희생을 무릅쓰고 결단한 거룩하고 애국적인 선택이었다. 나이 든 세대는 권력에 무기력하게 굴복한 상황이었다. 설령 당장은 불법적 행위가 될지라도 정권의 반성과 민심의 각성을 촉구하며 도덕적으로 올바른 일을 해야만 한다는 게 학생들이 행동에 나선 동기였다.

긴급조치는 모순과 맹점으로 가득한 악법 중의 악법이었다. 긴급조치 사건을 재판하는 법정은 법정이 아니었다. 권력의 꼭두각시놀음을 자처하는 한바탕의 연극 무대였다. 나는 이는 정의도 아니고 법도 아니고 단지 폭력일 뿐이라는 결론을 내렸다. 그런 관점에서 보자면 박정희 시대의 한국은 히틀러의 독일이나 스탈린의 소련처럼 되고 말았다. 민심과 권력 사이에는 험악한 전운이 감돌았고, 이 피할 수 없는 싸움에는 나도 머잖아 뛰어들 운명이었다.

영원히 정의의 편에

유신의 한복판에서 정의를 외치다

검찰과 재판부는 피고인들이 범죄 사실을 자백한 형식적 증거물일 뿐인 피의자 신문조서를 신줏단지처럼 떠받들고 있었다. 검찰이 날림투성이로 급조한 이 신문조서를 재판부는 가장 중요한 증거로 받아들일 태세였다.

법정에 나온 피고인들은 고문을 받아서 조작된 진술이라며 조서 내용을 원천적으로 부인했다. 피고인들의 무죄를 입증하기 위해 세세한 사실관계를 구태여 따질 필요성조차 없었다. 언제 어디서 누구를 만난 적이 있는지, 공산주의 혁명을 기도했는지 등을 물어보면 당연히 아니라는 대답이 돌아왔다. 애당초 그런 적이 없었기 때문이다.

정권이 작정하고 날조한 사건이었으니 더 이상 세세히 다툴 여지가 없었다. 유신 헌법의 입안자들, 민청학련 사건의 판사와 검사, 신직수 중앙정보부장 등 주요 등장인물 모두가 법률가였다. 나에게는 법조계 동료거나 선배이거나 후배였다. 이들이 법률 지식과 수사의 기본에 무지해서 또는 당시의 억압적 정치 분위기와 폭력적 수사 방식을 몰라서 이런 피의 숙청극에 출연할 리는 없었다.

나는 딱총으로 싸우느니 차라리 대포로 싸우는 게 낫겠다고 생각했다. 시시콜콜한 승산을 따질 계제가 아니었다. 나는 보다 본질적이고 심오하고 고차원적인 문제를 꺼내 들기로 작정했다. 그러자면 속 시원하게 사자후로 외쳐야 했다.

지금, 이 법정은 과연 정의롭습니까?
지금, 이 체제는 과연 정의롭습니까?
지금, 이 시대는 과연 정의롭습니까?

그게 사태의 핵심이었다. 나는 법의 기본으로, 법철학의 원론으로 돌아가 단호하고 강경하게 변론을 개진했다.

1974년 7월 9일 오후, 재판부는 전날 변호인들이 신청한 증인 신청을 모두 기각하고 증거 조사의 종결을 선언했다. 그리고 곧장 검찰관에게 의견 진술을 요구했다. "사실 심리가 종결됐다니?" 나를 포함한 변호인단은 전날 증인 신청을 해 놓았기 때문에 이날이 결심공판이 될 것이라고는 전혀 예상치 못했다.

검찰의 구형은 권력과 결탁한 법이 어디까지 잔인하고 무도해질 수 있는지를 보여주려는 듯했다. 여정남 등 7명에게 사형이, 류근일 등 7명에게 무기징역이 각각 구형되었다. 나머지 20명에게도 길게는 20년에서 짧게는 15년까지 중형이 구형됐다. 군사작전처럼 속전속결로 이뤄진 구형은 생사람을 잡겠다는 야욕을 공공연히 드러냈다.

이른바 '정찰제' 판결이 날 가능성이 짙었기 때문에 나는 큰일 났다고 생각했다. 정찰제 판결은 판사가 검찰 구형 그대로 선고하는 관행을 의미했고, 그즈음은 이걸 부끄럽지 않게 생각하는 판사들이 비일비재했다. 정찰제 판결이 나올 게 뻔한 사건에서는 변호사의 역할도, 피고인을 변호할 필요성도 없었다. 그나마 나는 손학규 사건에서라도 무죄를 받게 한 적이 있었다. 반면에 홍성우 변호사는 수임한 사건마다 모조리 정찰제 판결이 선고됐다.

나는 부당한 인사 조처에 항의해 사표를 낼 때부터 박정희 정권이 판검사를 군대에서의 사단장 법무참모 정도로 여기고 있다는 의심이 강하게 들었다. 당시에는 군사재판에서 상부의 지시와 명령대로 구형하고 판결하는 경우가 흔했다. 그러고서는 나중에 슬쩍 감형을 시켜주며 생색을 내곤 했다. 더욱이 국방부 장관의 재량에 따라 형량 조절도 가능했다.

법을 빙자한 사법살인

그날의 법정은 한여름 날씨만큼이나 후끈하게 달아올랐다. 황인철 변호사와 홍성우 변호사에 이어 마침내 내가 피고인들을 변론할 차례가 왔다.

예고조차 없던 갑작스러운 결심공판이어서 별도로 준비한 변론이 있을 턱이 없었다. 나는 머릿속으로 큰 얼개를 그린 후, 변론 절차에 나섰다. 정확한 변론 기록 자료는 현재는 남아 있지 않다. 그 대신 검찰 측 공소장과 재판부 판결문과 내가 제출한 항소 이유서 등을 종합적으로 참고해 내가 변론했던 내용을 개략적으로 재구성할 수는 있을 듯싶다. 앞에서 이미 언급한 내용임에도 불구하고 당시의 상황이 얼마나 긴박하면서도 황당했는지

영원히 정의의 편에

를 독자들께 알리는 취지에서 한 번 더 소개하도록 하겠다.

"이런 사건에 관계할 때마다 법률 공부한 것을 후회하게 됩니다. 학교에 다닐 때 법이 권력의 시녀이고 정치의 시녀라는 이야기를 들으면 그럴 리가 없다고 생각했습니다. 그러나 이번 학생들 사건의 변호를 맡으면서 법은 정치의 시녀, 권력의 시녀라고 단정 짓게 되었습니다.

지금 검사들은 나랏일을 걱정하는 애국 학생들을 내란죄, 국가보안법 위반, 반공법 위반, 대통령긴급조치 위반 등을 걸어 빨갱이로 몰아붙이며 사형이나 무기징역을 구형하고 있습니다. 이는 법을 악용하여 저지르는 사법살인 행위라 아니할 수 없습니다. 기성세대의 한 사람인 변호인으로서 변호한다는 것이 차라리 피고인석에 앉아 있는 것만 못한 심정입니다.

악법은 지키지 않아도 좋으며 악법과 정당하지 못한 법에 대해서는 저항할 수도 있고, 투쟁할 수도 있습니다. 학생들은 악법에 저항하여 일어났습니다. 애국 학생들인 피고인들에게 악법을 적용하는 것은 후일 역사적으로 문제가 될 것입니다.

이를테면 히틀러 나치스 정권 아래서 어떤 아내가 남편과 이혼할 목적으로 남편이 나치스를 욕했다고 당국에 고발해 남편이 형을 살게 됐습니다. 히틀러가 패망한 후, 남편이 풀려나와 자신을 고발했던 아내를 역으로 고발해 아내가 처벌받은 사실이 있습니다.

또 다른 예로써 러시아 니콜라스 1세 황제 아래에서 귀족 표트르 차다예프는 러시아를 후진국이라고 비판했다가 황제로부터 광인 판정을 받았습니다."

군법회의였기 때문에 군인들이 재판을 주도했다. 재판장은 육군 장성이었고, 검찰관 모두는 현직 군인 신분이었다. 배석한 민간인 판사는 말없이 자리만 지키고 앉아 있었다. 재판 전체가 요식 행위였다.

나는 재판에 회의라는 명칭을 갖다 붙인 발상에 놀랐다. 내 변론의 진의가 제대로 이해되고 있는지 의심스러웠다. 내가 사법 살인, 악법, 역사적 문제, 나치스, 러시아 황제 등의 용어를 언급하자 장내 분위기가 일거에 험악해졌다. 변론 내용에 항의하는 소리가 여기저기서 들렸고, 재판부는 변론 내용이 지나치면 법적 조치를 취할 수 있다고 경고했다.

재판부에 수시로 쪽지로 전달되더니 차다예프를 인용하는 부분에 이르자 돌연 휴정이 선언되었다. 쪽지의 발신처는 중앙정보부임이 분명했다. 휴정 시간에 동료 변호사들은 물론이고 피고인의 가족들까지 내 안위를 진심으로 걱정해 주었다. 솔직히 겁이 아예 나지 않은 건 아니었다. 그렇지만 변호사로서의 사명감을 저버릴 수는 없었다. 독립된 사법절차의 한 축을 담당하는 변호사까지 설마 건드리지는 않겠지 하는 막연한 믿음도 작용했다.

영원히 정의의 편에

사실, 거친 어조로 변론하는 것을 빼놓으면 피고인들의 정당한 저항권을 달리 강조할 방법이 있는 것도 아니었다. 검찰이 조작된 자백을 증거 조서로 들고나온 이상 나는 조작할 수 없는 증거로 항변할 수밖에 없었다.

그 증거는 다름 아닌 양심과 정의의 투쟁사였고, 자유민주주의를 일궈낸 불굴의 저항정신이었다. 나는 피고인들에게 만약 사형 선고가 내려지면 이 시대의 재판은 무소불위의 러시아 차르 법정이나 잔인무도한 독일 나치스의 재판과 다를 게 무엇이냐고 따지면서 그런 식의 엉터리 재판은 법을 빙자한 사법살인에 불과할 뿐임을 역설했다.

이는 내가 새로 만든 이론이 아니었다. 나를 포함한 법률가들이라면 학교에서 진즉에 배웠을 내용이었다. 이는 고문뿐 아니라 그 무엇으로도 조작할 수 없는 역사적 기록이자 민주주의의 대원칙이었다. 내가 이때 이야기한 '사법살인'이라는 용어는 이후 우리 사회에서 정치권과 언론계와 법조계를 중심으로 널리 회자되었다.

실정법으로 일단 법제화한 후에는 사회질서의 유지 차원에서 악법도 지켜야 한다는 논리가 있다. 이런 생각은 구시대의 유물에 지나지 않는다. 악법에 기대야만 질서가 유지되는 사회라면 과연 지킬 만한 가치가 있는 사회인지 의심해 봐야 옳다.

소크라테스가 독배를 마신 일을 사례로 들며 '악법도 법'이므로 지켜야 한다는 내용이 교과서에 한때 수록된 적이 있다. 이 내용은 헌법재판소가 2004년에 준법정신의 사례로 적절치 않다고 판단하고 당국에 수정을 요청하면서 교과서에서 삭제되었다.

악법에 항거하고 불의에 저항하는 일은 인간이라는 생명체가 지닌 자연스러운 본능으로 해석돼야 한다. 인간의 저항권은 전인격적 판단과 양심의 발로이므로 자연법의 영역에 속하기 때문이다. 원래부터 존재하는 보편타당한 법인 까닭에 인위적 수단으로 함부로 유린할 수 없다는 뜻이다. 자연법은 특정 시대의 특정 체제를 유지하려는 목적 아래 실정법의 이름으로 깔아뭉갤 수 있는 작고 사소한 성질의 가치가 아니다.

영원히 정의의 편에

중앙정보부로 연행되다

재판은 20분 정도 후 속개됐다. 나는 이미 할 말을 다 한지라 "김지하는 훌륭한 민족시인이며 그의 시 '오적五賊'은 외국에서도 높게 평가되고 있는데 왜 처벌하느냐?"란 항변을 마지막으로 변론을 마쳤다.

나름 수위조절을 하며 변론을 마무리한 내가 변호인석에서 다른 변호인의 변론을 듣고 있는데 재판이 끝날 무렵에 중앙정보부 직원 두 명이 다가왔다. 중정 요원들은 나와 홍성우 변호사의 가방을 차례로 가리키며 우리 가방이 맞는지 확인하고는 가방을 가지고 자기들을 따라 나오라고 무뚝뚝하게 말했다. 가방 속에 변론 원고라도 있으면 위법 사실을 증명하는 증거로 삼으려는 눈치였다. 결과적으로는 헛다리를 짚은 것이었다. 변호인들은 그날 공판이 결심공판인 줄도 모르고 재판에 나왔으므로 변론 원고가 있을 리 만무했다.

나는 피고인들의 최후 진술을 들어야 했다. 피고인의 최후 진술은 그 자체가 중요한 자기변호이고, 변호인들에게는 다음 재판 절차에 대비할 수 있는 중요한 자료가 된다. 변호인의 변론이 끝났다고 해서 변호가 끝난 게 아니었다.

따라서 최소한 피고인 최후 진술이 끝날 때까지는 변호사들을 함부로 데려가서는 안 된다. 그러나 나와 홍성우 변호사는 피고인 최후 진술을 듣지 못하고 법정에서 반강제로 끌려 나왔다. 이번 재판이 순전히 쇼에 불과하다는 평가에 확실하게 인증도장을 찍어준 셈이었다.

변호인이 끌려나가는 모습을 본 피고인들의 충격은 이만저만이 아니었다. 군사 정권이나 자행할 수 있는 폭거이고 만행이었다.

오후 5시쯤 됐을 것으로 생각된다. 나는 법정 바깥에 임시로 설치된 군대 막사에서 조사를 받았다. 변호인이 졸지에 피의자가 돼버린 것이다. 그들은 긴급조치 위반이 얼마나 심각한 죄인지 되풀이해 강조하며 내가 어디에서 어떤 자료를 구해 무슨 동기로 과격한 변론을 했는지 꼬치꼬치 캐물었다. 이런 알맹이 없는 조사는 밤 9시 30분쯤 돼서야 끝났다. 재판이 이미 끝나 있음은 물론이었다.

집에 돌아온 나는 아내와 가볍게 맥주를 마시며 분노를 억지로 가라앉혔다. 법대로 진학한 게 후회스럽다느니, 변호사 노릇 못 해 먹겠다느니, 아들은 절대 법조인으로 만들지 않겠다느니 등의 하소연을 아내에게 절절하게 늘어놓은 다음 잠자리에 들었는데, 새벽 1시쯤 됐을 무렵 누군가 거칠게 문을 두드리는 소리가 들렸다.

　　문을 열어보니 검은색 지프 자동차가 집 앞에 시동을 걸고 대기해 있었다. 중앙정보부에서 나를 또 찾아온 것이다. 그들은 정보부장이 나를 보자고 한다며 집에서 나올 것을 독촉했다. 나는 더는 할 말이 없다고 대꾸했으나 요원들은 잠깐이면 된다며 나를 남산으로 사실상 강제로 연행해 갔다. 구두도 제대로 갖춰 신지 못하고 고무신을 신고 끌려간 나는 영장도 없이 이틀간 구금되었다. 긴급조치는 영장도 없이 아무나 체포·구속을 할 수 있었다.

변호사 강신옥에서 피고인 강신옥으로

내가 남산 중앙정보부 조사실에 들어가자마자 조사관인 Y가 나를 각목으로 마구 때렸다. 경상도 사람이 전라도 사람도 하지 않는 유신체제 비판을 했다는 게 나를 무자비하게 폭행한 이유 같지 않은 이유였다. 구타가 얼추 끝나자, 벨이 울렸다. 6국장 L로부터의 호출이었다. 김지하가 유신체제를 고발하며 쓴 옥중 수기인 〈고행…1974년〉에 등장하는 바로 그 악명 높은 중앙정보부 6국의 책임자였다.

나를 만난 L국장은 "우리는 손 안 대고 점잖게 한다"라고 짐짓 천연덕스럽게 모르는 체를 했다. 나는 방금 이처럼 무참하게 두들겨 맞고 올라왔는데 무슨 소리냐고 따졌다. 그러자 L국장은 다시 벨을 눌러 부하들을 부르더니 내 앞에서 그들을 요란하게 야단쳤다.

내 다음번 매타작 대상은 홍성우 변호사였다. 내가 워낙 강하게 반발해서인지 그는 맞지는 않은 것 같았다. 홍 변호사는 내가 끌려갔다는 소식이 이미 널리 퍼져서 여러 사람이 중앙정보부에 연락했다고 얘기했다. 그런데 내 행방을 수소문하던 홍성우마저 끌려왔다. 조사는 받았지만 맞지는 않은 게 그에게는 불행 중 다행이었다.

나를 감시하던 담당자는 한 해 전인 1973년 중앙정보부에서 조사를 받다 의문사한 최종길 교수의 친동생이었다. 중앙정보부에서 일하던 사람도 제 가족이 의문사를 당할 지경으로 박정희 정권 시절의 정보기관은 살벌하고 비정한 곳이었다.

나는 이틀 후인 7월 11일 오후에 풀려났다. 그걸로 끝인가 싶었는데 완전히 착각이었다. 나흘 뒤인 7월 15일 중앙정보부 직원들이 내 사무실을 또 찾아온 것이다. 정보부 요원들이 찾아왔을 때 나는 이전에 변호했던 김영작 교수의 구명 운동을 전개하려 한국을 방문한 일본인 교수들을 만나려고 사무실을 막 출발하려는 참이었다. 변호사 사무실을 나서려니 정보부 직원들이 내 앞길을 가로막았다.

나는 그때 공교롭게도 리콴유李光耀 싱가포르 총리에 관한 책을 소지하고 있었다. 영국인 기자가 쓴 책이었는데, 학생 운동권 출신의 인권변호사였던 리콴유가 권력을 잡고는 정적들을 수시로 탄압하는 독재자로 변신하자 이를 비판하는 게 주된 내용이었다.

영문으로 집필된 서적이었지만 책의 내용을 빌미로 또 두들겨 맞지나 않을까 하여 나는 겁이 덜컥 들었다. 나는 일본인 교수들에게 부득이한 사정으로 약속을 취소해야 함을 알리는 전화를 해야 한다는 구실을 대며 사무실의 내 방으로 다시 들어갔다.

약속 장소는 효창공원 안의 백범 김구 선생 묘역이었다. 휴대전화가 없던 시절이라 연락이 원천적으로 불가능한 상황이었다. 그러나 나는 어떻게든 이 책을 나로부터 떼어놓아야 했다. 때는 소지하고 있던 서적의 내용까지 꼬투리를 잡아 사람을 때리고 가두던 공포와 폭력의 시절이었다.

나는 이날 밤 대통령긴급조치 위반과 법정모욕 혐의로 구속됐다. 내가 치밀하고 의도적인 사전 계획하에 재판에서의 변론 기회를 이용해 대통령 긴급 조치 제1호와 제4호를 비방하고, 민청학련 활동을 찬양·고무하며, 법정을 모욕했다는 혐의였다. 나는 변호사 강신옥에서 졸지에 피고인 강신옥이 되고 말았다.

영원히 정의의 편에

감옥에서의 용맹정진

나는 서대문 서울구치소에서 수감 생활을 시작했다. 수인번 호는 1456번이었다. 막상 투옥되자 기분이 의외로 담담했다. 유 인태와 이철 등 이미 구속돼 있던 청년들의 열렬한 환영을 받은 게 내게 적잖은 위로와 격려가 되었다. 그들 또한 자신들을 변호 해 주던 변호사가 감방 동료가 됐으니 든든한 원군이 왔다고 여 기는 듯했다. 나는 독립운동을 하다가 투옥된 것 같은 마음마저 들었다. 그러니 외롭지도, 부끄럽지도 않았다. 외려 자랑스러운 기분이 들면서 어깨가 으쓱해졌다.

내가 구치소에서 재회한 이들은 민청학련 사건 피고인들뿐만 이 아니었다. 김영작, 이호철 등 종전에 변호를 맡았던 피고인들과도 서대문 서울구치소에서 다시 만났다. 나는 문인 간첩 사건에 연루돼 구속된 이호철이 1심에서 유죄판결을 받는 모습을 지켜봤다. 이호철은 내가 그를 거침없는 목소리로 열심히 변호한 일이 매우 기뻤다고 말했다.

나는 소위 시국사범들은 물론이고 일반 폭력범들로부터도 정중한 대접을 받았다. 폭력범들은 섣불리 건드리면 교도소 안에서 사고를 칠지 모르기 때문에 운신이 상대적으로 자유로운 편이었다. '돼지'라는 별명으로 불린 한 폭력범은 내게 사건을 살펴봐 달라고 부탁하며 오후 4시만 되면 담배를 들고 찾아왔다. 죄수들에게 흡연은 금지돼 있었다. 돼지는 내가 담배를 피우는 동안 망을 봐줬다.

이 잠깐의 일탈은 오래가지 못하고 곧 막을 내렸다. 서대문교도소에는 방마다 변기가 따로 설치돼 있지 않았다. 플라스틱 통에 볼일을 보고 나서 그걸 매일 아침 철창 앞에 내놓으면 청소를 책임진 당번 수감자가 오물을 수거해갔다. 수감자들의 배에서 나온 배설물을 치우는 시간을 '통방通房'이라고 표현했는데 우리는 이 시간을 다른 방에 갇힌 수감자들과 대화하는 시간으로 활용했다.

어느 날 통방 시간에 돌이 날아왔다. 돌에는 담배 피우는 모습을 보니 불쾌하다는 내용으로 한 학생이 쓴 편지가 매달려 있었다. 그는 몰래 담배를 피우는 내 모습을 보니 존경하는 마음이

영원히 정의의 편에

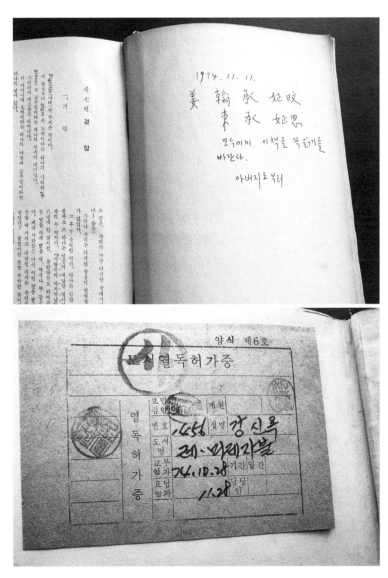

사진 위) 옥중에서 자녀들에게 레미제리블을 읽어보라고 편지를 보낸 강신옥 변호사
사진 아래) 구치소측에서 발급한 '레미제라블' 도서열독허가증

사라진다고 토로했다. 특별 대우를 받는답시고 은밀히 끽연하다
가 망신을 당한 것이다. 나는 이 일을 계기로 구치소에서 더는 담
배를 피우지 않았다.

교도소는 민립民立대학이라는 별칭으로 통했다. 나는 시국 사
건으로 잡혀들어온 양심수였기 때문에 죄책감에 시달릴 이유가
없었다. 민립대학에 신입생으로 입학하니 시간이 펑펑 남아돌았
다. 책 읽고 공부하기에 안성맞춤인 경우였다. 때마침 위층에는
김동길 교수가 갇혀 있었다.

나도 구치소 안에서 무수한 책들을 읽어나갔다. 톨스토이의
《전쟁과 평화》는 영문판으로 통독했고, 빅토르 위고의 《레미제
라블》은 우리말 번역판으로 완독했다. 밖에 있었다면 독파할 엄
두를 내지 못했을 대작들이었다. 《전쟁과 평화》는 내가 구치소에
들어와 K에게 빌려준 적이 있는데, K는 그 책이 자기 책이라고
아직도 우기고 있다. 즐거운 소유권 분쟁이려니 하고 웃고 넘어
갈 수밖에….

영원히 정의의 편에

변론권이라는 신개념

같은 해 9월 2일, 유신 검찰은 내게 징역 15년과 자격 정지 15년의 중형을 구형했다. 이틀 후인 9월 4일, 재판부는 징역 10년과 자격 정지 10년을 선고했다. 나는 당연히 항소했다.

1심에서는 99명, 2심에서 125명의 매머드급 변호인단이 내 무죄를 증명하고자 구성됐다. 사건의 핵심은 민청학련 사건 피고인들의 저항권이 인정돼야 한다고 주장했던 나의 법정 발언이 위법인지 아닌지에 있었다. 저항권과 변론권을 어떻게 소명하느냐가 유무죄를 다투는 관건으로 부상했다.

민주화가 이뤄진 오늘날의 시각에서 바라보면 민청학련 피고인들이나 나나 당연히 소추 대상이 될 수가 없다. 민청학련 피고인들의 저항과 나의 변론은 자유민주주의의 기본 철학에 부합됐거니와, 지극히 상식적이고 정상적인 행동이었기 때문이다. 권력의 시녀가 돼버린 재판부는 검찰의 무리하고 부당한 소추 내용을 충실히 따라가고 있었다. 변호인들은 사건과 관련된 문제들을 법률적으로 하나하나 따지지 않을 수가 없었다.

지금 생각하면 나를 위해 발 벗고 나서준 동료 변호사들에게 너무나 감사할 따름이다. 우리가 증명해야 할 것은 그리 복잡하지 않았다. 비유하자면 '1+1=2'임을 밝히면 되었다. 나는 1에 1을 더하면 2가 되는 것은 자연현상이라고 주장했다. 이 자명한 진실을 유신의 엄혹한 체제에서 내 변호사들은 실정법상의 법조문으로 증명해야 했다.

그들은 그때까지만 해도 우리나라에서는 생소한 개념이었던 변론권의 한계를 두고서 급박한 재판 일정에 맞추어 변호 논리를 마련하느라 갖은 고생을 다 했다. 나는 미국 유학 시절 언론 자유와 변론권에 관해 공부한 경험이 있었다. 유학을 마치고 귀국한 후에는 서울대 사법대학원에서 동일한 주제로 강의한 적도 있었다. 그러기 때문에 자신감을 갖고서 강력하게 논거를 펼 수 있었다.

그렇지만 상대방은 박정희 정권의 검찰과 재판부였다. 게다가 그들은 군부 소속이었다. 법률적 소양과 합리적 판단력과 소신 있는 행동을 기대할 수 있는 상대방이 아니었다. 우리는 진인

영원히 정의의 편에

사대천명盡人事待天命의 심정으로 최선의 노력을 기울일 수밖에 없었다.

항소 이유서를 쓰다

나는 감옥에서 민청학련 피고인들과 나의 무죄를 소명하는 장문의 항소 이유서를 작성했다. 1+1이 왜 2인지를 따지는 일이니, 신이 날 리가 없었다. 그럼에도 1+1이 2인 사실마저 뻔뻔하게 부정하는 유신체제가 얼마나 몰상식하고 비정상적인 체제인지를 논증하는 법률적 근거와 역사적 배경을 밝히려니 논리와 메시지가 거대한 폭포수처럼 끊임없이 이어지며 쏟아졌다.

나는 항소 이유서를 변호인의 지위, 변론권의 한계, 저항권의 성격, 재판상황 등의 순서에 따라 전개했다. 그리고 1. 변호인은 헌법 기관 2. 군법회의 법상 변호인의 지위 3. 변호인의 변론 면책 특권 4. 변호인의 사명과 윤리 5. 법률상의 저항권 이론 6. 공소

영원히 정의의 편에

사실과 재판 경과에 대해 7. 본인의 재판 내용에 관해 8. 결론 등 8가지 범주로 분류해 세론細論을 전개했다. 나는 권력의 폭거에 용기와 기개로 맞서가면서 심지어 목숨까지 버려가며 사법사에 빛나는 전통을 아로새긴 숱한 선배 변호사들의 사례를 씨줄로, 그리고 그들이 남겼던 명언들을 뒷받침할 법률 이론들을 날줄로 삼아 항소 이유서를 교직해 나갔다.

1. 변호인은 헌법 기관

우선 변호인은 헌법상의 공적 단독기관이다. 변호인의 책무는 검찰관과 대등한 지위에서 공격과 방어를 통해 법관이 올바른 심증을 형성할 수 있도록 설득하는 것이다.

2. 군법회의 법상 변호인의 지위

반면에 검찰관은 배후 국가 권력의 도움에 의지하기 때문에 소추 자체가 정치적 영향을 받을 수 있다. 그래서 변호인은 불쌍한 피고인 한 사람을 위해 국가 그 자체와 대결할 수 있는 용기를 발휘해야 할 때가 있다. 이에 따라 변호인은 모든 지식과 경험, 상상할 수 있는 모든 방법을 동원해 유리한 방어 방법을 마련해야 한다. 그 과정의 변론은 반대 당사인인 검찰에 대한 공격은 될지언정 법원에 대한 공격은 될 수 없다. 그러므로 법원은 공격의 대상이 아니라 오직 정의로운 판결을 바라는 설득과 호소

抗訴理由書

事件番号 74고도형항 제54호

事件名 대통령긴급조치 위반

被告人 姜 信玉

위 被告人은 다음과 같은 理由로 그 抗訴理由書를 提出합니다.

다음.

原審判決은 軍法会議法 第345条 (弁論) 에 따른 弁護人의 弁論行爲는 弁護人의 職務行爲로써 그 行爲는 法律上 絶対的 免責特权이 賦與되고 있는 法理를 違反한 잘못이 있읍니다.

第一. 弁護人은 憲法機関

弁護人은 刑事被告人을 助力할 权利와 義務를 가진 憲法上의 公的 機関으로서 우리 憲法의 基本理念인 自由民主的 基本秩序을 鞏固히 하기 爲해 立法 行政 司法의 三权을 分立하여

자필 항소이유서 일부

강신옥 변호사 2심 판결문이
수록된 1982년 11·12월로 발간된
대한변호사협회지 표지

대한변호사협회지에 수록된
판결문 주문 일부

와 진술의 대상일 뿐이다. 변론이 본질적으로 법원을 공격할 수 없고 재판부를 모독할 수 없는 이상 법정 모욕은 성립할 수 없다는 취지다.

3. 변호인의 변론의 면책특권

변호인의 직무상 면책특권은 역사적으로 사법 제도의 독립을 위해 논란의 여지가 거의 없는 상식의 문제다. 자유민주주의의 역사에서 변호인의 변론 자체가 유죄판결을 받거나 변호의 자유가 제한된 사례가 어디에 있는가? 검찰을 논박했다고 법정 모욕이 성립할 수 없다. 변호를 어떻게 효과적으로 하느냐는 문제는 미국 작가 어빙 스톤Irving Stone이 지은, 저명한 미국 법률가 클래런스 대로우(Clarence Darrow·1857~1938)에 관한 전기에 '어떻게 원고를 소추할 것인가'란 하나의 장이 별도로 할애돼 있을 만큼 중요하다. 영국 대법관 스크러튼은 판사들에게 부여되던 절대적 면책특권이 언제부터인가 변호인에게도 인정됐고 그 이유는 명백하다고 밝혔다. 변호인의 면책특권은 뿌리가 깊고 넓다. 심지어 유신 시대 당시 현행법이었던 군법회의법 제28조도 "재판관·검찰관과 변호인은 재판에 관한 직무상의 행위로 인하여 징계 및 여하한 처분도 받지 아니한다"고 규정하고 있다.

4. 변호인의 사명과 윤리

변호사는 이처럼 면책특권을 부여받지만 동시에 아무리 흉악한 사건이라도 피고인을 변호할 의무와 권리도 부여받는다. 그런 변호사의 윤리에 대한 설명으로는 고전적 내용이 있다. 영국 작가 중 셰익스피어 다음으로 많이 인용된다는 현인 새뮤얼 존슨(Samuel Johnson · 1709~1784)이 자신의 전기 작가로 유명한 변호사 제임스 보스웰(James Boswell · 1740~1795)에게 언급한 내용이다.

보스웰 : 옳지 않다고 보는 사건을 변호하는 것에 대해 어떻게 생각하는가?

존슨 : 사건의 옳고 그름은 판사가 판결하는 것이다. 변호사가 변론에 자신이 없으면 사건이 나쁘다고 생각하는 것 같다. 그런데 그렇게 자신 없이 변론했는데 막상 판사는 그 변론을 받아들일 때가 있다. 그렇다고 해서 그 취약한 변론을 받아들인 판사가 틀린 것은 아니다. 오히려 자기 변론을 신뢰하지 못한 변호사가 틀린 것이다. 판단하는 것은 판사이기 때문이다. 그래서 변호사는 사건이 나쁘다는 생각을 건방지게 확신하면 안 된다. 피고인을 위해 할 수 있는 모든 변호를 한 뒤, 판사의 판결을 들어봐야 한다.

미국의 건국시조 토마스 페인(Thomas Paine · 1737~1789)을 변호했던 영국 법률가 토마스 어스킨(Thomas Erskine · 1750~1823)도 같은

맥락에서 의견을 개진했다. 어스킨은 변호인이 공소 사실과 방어 방법들을 따져보고 나서 의뢰를 거절하면 그는 변호사가 아닌 판사의 직무를 행사한 것이라고 강조했다.

영국 법률가 패트릭 헤이스팅스(Patr ick Hastings · 1880~1952)는 변호사를 택시 운전기사에 비유했다. 손님을 거절하거나 손님이 어떤 사람인지 판단할 권리가 없고 다만 그가 요구하는 범위 내에서 자기 능력과 최선을 다해야 한다는 것이다.

영국 법률가 헨리 브루엄(Henry Brougham · 1778~1868)은 캐롤라인(Caroline · 1768~1821) 여왕을 위한 최종 변론에서 변호사는 다른 사람 아닌 피고인만을 생각해야 하고 그 피고인을 보호하기 위해 자기 자신을 포함해서 어떤 희생이라도 감수해야 하는 것은 가장 고귀하고 명백한 의무라고 천명했다.

영국 대법관 버크 마스터는 1945년 9월 미국 변호사협회 연례총회에 초청돼 강연하는 자리에서 변호사의 이상형 내지 본보기로 세 사람을 소개했다. 후일 성인이 된 프랑스의 신부이자 법률가인 프란시스 드 살르(Francis De Sales·1567-1622), 수많은 문학예술 작품의 주제가 된 베아트리체 첸치(Beatrice Cenci·1577-1599) 사건을 변호했던 이탈리아 법률가 프로스페로 파리나치(Prospero Farinacci·1554-1618), 프랑스 혁명 후 루이 16세를 변호하다 자신과 일가족이 몰살당한 프랑스 변호사 라무아뇽 말제르브(Lamoignon De Malesherbes · 1721~1794)가 그들이다.

영원히 정의의 편에

프란시스 드 살르는 변론 도중 어떤 서류 내용을 잘못 인용했다가 재판부를 기만할 뻔했다는 생각에 놀라 변호사직을 그만두었다. 재판부와 그의 잘못을 지적했던 상대 변호사는 그럴 필요까지 있겠느냐며 만류했지만, 그는 뜻을 꺾지 않았다.

불쌍한 베아트리체 첸치를 위해 분연히 투쟁한 프로스페로 파리나치도 그녀와 함께 역사에 남았다.

말제르브는 프랑스 혁명 이전에 장관직을 두 번 박차고 나왔다. 그는 당시의 권력 남용 현상을 맹렬하게 고발했는데, 그 의견이 존중됐다면 프랑스 혁명 상황이 조금이라도 바뀌었을지 모른다. 말제르브는 74세의 노년에 루이 16세의 변호를 부탁받았다. 스위스에서 문학과 식물에 열중하며 평온하게 살고 있을 때였다. 다른 사람들이 나이 등을 핑계로 변호를 거부할 때 그는 노구를 이끌고 법정에 나섰다. 말제르브는 국정에 참여했던 신분으로서 이제 왕이 위험하니 왕을 도와야 하는 것이 아니겠냐고 자진自進했다.

피고석에는 자기 말을 듣지 않아 만악의 근원으로 지목된 루이 16세가 왕좌를 빼앗긴 채 앉아 있었다. 재판석에는 전문 법관이 아닌 사람들이 앉아 있었다. 법정은 오랜 세월 부정으로 인해 고난과 굶주림에 시달린 성난 군중들이 아우성치고 있었다. 늙은 말제르브는 위엄을 갖추고 피고인에게 루이 16세를 왕이라고 부르며 변호에 나섰다. 재판관은 왜 없애버린 칭호를 사용하느냐

고 물었다. "왜? 당신들이 경멸스럽고 내 목숨을 걸었기 때문"이
라는 게 그의 대답이었다.

결과는 뻔했다. 말제르브는 딸과 손주들이 처형되는 것을 지
켜본 뒤 단두대의 이슬로 사라졌다. 자신의 견해를 물리쳐 위험
을 자초한 왕이었으나, 옛 주군이었기에 말제르브는 목숨을 걸
고 그를 변호했다.

5. 법률상의 저항권 이론

정당하지 않은 법도 준수할 의무가 있는지에 대해서는 자연
법과 법 실증주의자들의 양론이 맞서왔다. 자연법은 실정법이
정의롭지 못하면 저항할 수 있는 권리를 당연시한다. 반면에 법
실증주의에서는 실정법에 규정돼 있지 않으면 정의나 자연적 권
리 등의 가치도 법적 고려 대상에서 제외했다.

그러나 저항권과 자연법이 실정법보다 우월하다는 것은 인류
역사가 웅변한다. 특히 제2차 세계대전 후의 독일의 경우에 저항
권과 자연법을 인정하는 경향이 뚜렷했다. 나치스 시대에 악법의
폐해, 즉 정의롭지 않음에도 불구하고 실정법이라는 이유로 사람
들을 괴롭힌 법의 폐해를 뼈저리게 경험했기 때문이다.

종전 후 독일 헤센Hessen 주州는 헌법에 "헌법을 위반해 행사된
공권력에 대한 저항은 개인의 권리이자 의무"라고 저항권을 성문
화했다. 브레멘Bremen 주州도 "헌법에서 확정된 인권이 헌법에 반

한 공권력에 의해 침해되었을 때 저항은 각인各人의 권리이며 의무"라고 저항권 개념을 도입했다. 마르크 브란덴부르크주州는 "도덕과 인간성에 반하는 법률에 대해서는 저항권이 성립한다"라고 아예 저항권을 명문화했다.

독일의 법철학자인 구스타브 라드브루후(Gustav Radbruch · 1878~1949)는 실정법이 부당할 경우 그 실정법을 무효로 할 수 있는 자연법 또는 이성법理性法의 우월성을 인정했다. 그 구체적 내용은 인류가 오랜 사고思考 활동을 통해 프랑스 인권선언人權宣言 등에서 확고하고 일치된 형태로 채택했다고 라드브루후는 밝혔다.

일본 헌법학자 미야자와 토시요시(宮沢俊義 · 1899~1976)는 헌법 교과서에서 42페이지에 걸쳐 다룬 저항권 이론에서 저항권이야말로 사회 질서와 인간 양심의 충돌에서 빚어지는 사회적 딜레마로서 인간이 인간을 압제하는 한 없앨 수 없는 기본권이며, 이 저항권의 존재는 다른 모든 기본권을 담보해 주는 최후의 권리로 봤다. 그는 어떤 경우에 저항권을 인정할지는 어려운 문제이긴 하지만 법을 함부로 악법화하고 준수하지 않으면 사회가 무정부 상태로 전락할 가능성이 있으므로 저항권을 행사할 때는 냉정하게 생각해서 전인격적 판단과 순교자적 결단이 동반돼야 한다고 주장했다.

저항권 사례는 고대에서도 쉽게 찾아볼 수 있는 등 역사가 깊다. 그리스 비극《안티고네Antigone》에서 하늘의 법과 왕의 법이 충돌한다. 테베 왕 크레온은 폴리네이케스의 장례를 금지하는 명령을 내린다. 당시 그리스 종교에서는 죽은 자의 가족들은 죽은 자를 위해 장례를 치러주어야 할 의무를 지고 이를 지키지 않으면 후세에 재화를 입게 돼 있었다. 폴리네이케스의 누이 안티고네는 왕의 법을 어기고 하늘의 법을 지키려 했다.

작가 소포클레스(Sophocles·BC 496~BC 406)는 이렇게 썼다.

"왕의 명령은 크든 작든 옳든 그르든 복종해야 한다고 왕은 말했다. 그러나 왕의 명령에 신의 법을 이길 힘이 있다고 믿지 않는다고 안티고네는 항변했다."

그리스의 대철학자 아리스토텔레스도 정의가 성문법에 우선한다며 《안티고네》를 인용했고 로마 최고의 웅변가 키케로(Cicero·BC 106~BC 43)도 같은 견해를 개진한 적이 있다.

정의를 추구하는 자연법과 이성법의 역사는 중세를 거쳐 근대, 현대로 면면히 이어졌다. 이탈리아 신학자 토마스 아퀴나스(Thomas Aquinas·1225~1274)는 대작 《신학대전》에서 인간의 법은 정당한 이성에 따를 때 법의 성질을 가지며, 이성에 어긋나면 그것은 법의 성질이 아닌 폭력의 성질을 갖게 된다고 밝혔다.

국제법과 자연법의 아버지 소리를 듣는 네덜란드의 휴고 그로티우스(Hugo Grotius·1583~1645)는 《네덜란드 법학 개론Inleiding tot de Hollandsche rechts》이라는 책에서 "법은 도덕성이 없으면 법이 아니고 인간은 두려움 때문에 법을 지켜서는 안 되고 양심에 따라 지켜야 한다"라고 강조했다.

영국의 대사상가 존 로크 역시 《시민 정부론》에서 "정부의 형태가 어떠하든 정부의 입법권은 한계를 주는데, 그 한계는 첫째로 기존 법률에 반해서는 안 되고 가난한 자나 부자나 왕이 좋아하는 사람이나 농촌에서 밭을 가는 촌민에게나 똑같이 적용돼야 하고, 둘째로 법률은 오로지 국민의 복지만을 위한 것이어야 한다"라고 했다.

이런 자연법학자들의 명맥은 토마스 제퍼슨, 알렉산더 해밀턴, 에이브러햄 링컨, 헨리 데이비드 소로 등 쟁쟁한 인물들을 통해 이어졌다. 미국 마틴 루터 킹 목사는 "흑인을 차별하는 법은 도덕적으로 정당하지 않기 때문에 그런 법에 순종하면 오히려 도덕적 의무에 반하므로 도덕적 의무를 다하기 위해 저항해야 한다"고 주장했다. 남아프리카 공화국의 현지 흑인들이 인종차별 정책Apartheid에 따라 만들어진 법률이 진정한 법이 아니라면서 저항한 사례도 있다.

6. 공소 사실과 재판 경과에 대해서

피고인들은 국가보안법과 반공법 위반, 내란음모 및 긴급조치 4호 위반 등에 관한 공소 내용을 부인했다. 긴급조치 1호 위반 내용에 대해서는 인정하고 있다.

그러나 이는 유신 헌법이 정권의 장기집권을 위한 것이고 개인의 기본권이 무시되고 사법 독립이 위험할 정도이며, 대통령의 권한이 지나치게 강화돼 독재를 지향하고 있어 이를 바로잡기 위한 것이었다. 학생들의 의사를 여론에 반영하기 위한 것이 그 동기였다.

또한 피고인들이 뜻있는 대학생이고 기독교인으로서 추호도 폭력을 사용하거나 궁극적으로 공산주의 국가를 건설하려는 의도는 없었고, 기성세대들이 무기력해 아무 행동도 하지 않아 할 수 없이 평화적 시위를 하려 했으며, 학생운동으로 정부에 의사를 호소하려 했다.

그리고 피고인과 심지어 참고인들마저 검찰의 진술조서 내용을 부인했고, 피고인들의 참석권이 박탈된 상태에서 증인 신문이 이뤄졌다. 참고인에 대한 변호인의 반대 신문이 초반에 중단됐고, 변호인들의 증인 신청이 모두 기각됐으며, 변호인으로서 피고인 접견과 피고인을 위한 기록 열람이 각각 한 차례밖에 허용되지 않았다. 재판 과정 자체가 부당했다.

7. 본인의 재판 내용에 관해서

내가 변호한 피고인들에게 사형과 무기징역, 20년 징역이 구형됐다. 내 변론은 그런 상황에서 내게 주어진 마지막 호소의 기회이고, 심판관이 헌법과 법률 및 양심에 따라 재판권을 공정하게 행사해 달라고 요청하는 마음에서 나온 진술이었다.

'법은 권력의 시녀, 정치의 시녀'라는 표현은 이번 사건이 피고인들의 목숨이 걸릴 만큼 중대한데도 피고인 접견, 공판 기록 열람, 반대 신문 등 피고인의 인권을 위해 규정된 근대 소송법상 제반 보장 규정들은 지켜지지 않은 데 반해 검찰은 수사 과정부터 공판 단계에 이르기까지 법의 특혜를 만끽했다는 취지였다.

'사법살인 행위'라는 표현은 재판에서 사형이 선고되고 집행된 뒤, 그 재판이 오판임이 드러나 결국 재판이란 형식을 통해 법의 이름으로 사람을 죽인 것을 통칭하는 하나의 경구이다. 증거도 충분하지 않고 공정한 사법소송 절차법이 완전히 무시된 이번 재판에서 사형까지 구형돼 후일 사법살인이라는 과오를 범하는 판결이 나오지 않을까 하는 의구심에서 진실로 깊이 생각해 사형에 이르는 일이 없기를 바라는 마음에서 호소한 것이다.

"차라리 피고인석에 앉아 있겠다"라는 표현은 사실과 어긋난다. 그때 내 진술의 취지는 기성세대들이 무기력해 민주 헌정 회복을 위해 아무 행동도 하지 않고 있어 학생들이 과감하게 행동하지 않을 수 없었고, 그래서 어린 학생들이 공부는 못 하고 이런 일까지 하게 돼 기성세대인 우리들이 도의적으로 책임감을 느낀다는 것이었다.

그러므로 이 변론은 검찰의 구형이 우리 상궤에 어긋난 점을 공격해 재판부의 양심에 호소해 보려는 변호사의 진지한 법률가적 양심의 소치였을 뿐이다. 변론의 본질상 재판부를 모독할 수는 없다.

또 대통령 긴급조치 4호는 1974년 4월 3일에 선포됐는데 피고인은 대부분 그 전인 3월 말에 구속돼 일종의 사후법事後法이라고 봐야 한다. 검찰 측 주장대로라면 긴급조치 4호 이외 현행법으로도 구속이 충분히 가능했기 때문에 새 법을 만들 객관적 필요는 없었다.

변론 도중 중단됐던 차다예프 부분은 그가 러시아가 후진국이라고 말했다가 미친놈 취급을 받았을 때 대응한 내용이다. 차다예프는 미친놈의 변사辯辭라는 짤막한 글에서 "나 자신도 다른 사람만큼 내 나라를 사랑하고 있다. 다만 방법이 다를 뿐이다. 나 자신은 나라를 사랑하되 눈을 감고 사랑하는 것이 아니라 눈을 바로 뜨고 현실을 직시하며 사랑하고, 입을 다물고 나라를 사랑하는 것이 아니라 할 말을 하면서 나라를 사랑하며, 머리를 숙이면서 나라를 사랑하지 않고 떳떳하게 나라를 사랑한다"라면서 안이하고 맹목적인 애국심을 경고했다.

"역사적으로 문제가 될 것"이라는 표현 역시 피고인들 모두가 대학생이거나 기독교인들이고 또 젊은 시인이거나 순수한 젊은 이들이므로 이들에게 중형이 구형된 우리 사법 사상 보기 드문 이 중대한 역사적·정치적 사건에 심판부가 역사적 안목을 갖고 신중하게 판단해 줄 것을 강조한 변론이었다.

영원히 정의의 편에

8. 결론

변론이 긴급조치 1호, 4호에 위반된다고 할 경우, 만약 재판부가 긴급조치가 자연법에 반한다는 판단 아래 효력이 없고 따라서 민청학련 피고인들도 무죄라고 판결한다면 이 재판부도 긴급조치 위반 혐의로 문책할 수 있는지 의문이다.

일본에서도 변호사가 박해받는 문제로 학자들 사이에 우려가 있었는데 차원이 달랐다. 예를 들어 피의자가 임의 출두에 응해야 하느냐는 물음에 변호사가 대답해 줬는데 그것이 혹시 범인 은닉에 해당한다고 추궁하지 않는지, 또 변호사가 피의사건을 검토해서 피의자에게 묵비권을 권고한 것이 증거 소멸이 되는지, 증인·감정인과 신문 준비를 했는데 그것이 위증 교사가 되지 않을지 하는 정도다. 내 경우처럼 최종 변론 자체가 범죄가 되리라는 것은 생각도 하지 않고 있다.

영국 변호사 어스킨과 판사 불러 워드 사이의 언쟁 사례도 있다.

> **어스킨** : 본인은 여기 피고인의 변호인으로 출석했기 때문에 본인은 '오직'이란 말을 기록해 달라고 요청합니다.
>
> **불러 워드** : 앉으세요, 변호사님. 귀하의 의무를 상기하십시오. 그렇지 않으면 본관은 다른 방법으로 소송을 진행하는 수밖에 없습니다.

어스킨 : 재판장님은 재판장님이 옳다고 생각하는 대로 진행해 주십시오. 재판장님이 법관의 의무를 이해하듯이 본인은 본인의 의무를 알고 있으므로 본인의 의사를 굽힐 수 없습니다.

불러 워드 : …

캠벨 대법관은 후일 어스킨의 이 법정 태도가 "재야 법조인의 독립성을 표시하는 고귀한 본보기"라고 극찬했다. (오스왈드 지음 《법정모독》)

미국에서 검찰이 도청과 함정수사를 통해 증거를 확보하고 기소한 사건이 있었는데 하급심에서 유죄판결이 내려졌다. 이에 대해 저명한 홈즈Holmes 대법관은 반대 의견을 내놓으면서 검찰 처사를 '더러운 짓Dirty Business'이라고 질타했다.

스트라이커라는 미국 변호사는 자기가 맡은 사건의 증거가 바로 그 도청과 함정수사에 의한 것이라고 보고 홈즈 대법관의 표현을 인용하면서 "더럽고 추접하고 비열한 짓"이란 말을 점점 소리를 높여가며 되풀이했다. 결국 법정이 시끄러울 정도가 되자, 재판관이 나섰다.

재판관 : 좀 조용히 말하세요. (언성을 높이지 않아도) 무슨 말인지 잘 들립니다.

스트라이커 : 본인의 언성이 재판관님을 불쾌하게 한 것을 대단

영원히 정의의 편에

히 죄송하게 여깁니다. 이런 일이 생긴 것은 분노를 치솟게 하는 불의를 보고 점잖게 견딘 적이 없기 때문입니다. 위증 때문에 우리 국민 한 사람의 자유가 침해되는 것을 보고도 태연한 어조로 말할 수 있을 만큼 저는 수양이 돼 있지 못합니다. 위안이 되는 사례도 있습니다. 1761년 2월 보스턴의 작은 법정에서의 일입니다. 적대감으로 꽉 찬 법정에서 제임스 오티스 변호사는 일반 수색영장의 부당성에 우레와 같이 맹공을 퍼부었습니다. 본인은 그때 오티스 변호사도 언성을 높였다는 것을 알고 만족하고 있습니다.

나는 내 변론이 오직 피고인을 위한 것이었음을 강조했다. 이 재판의 결과는 변호사의 자랑스러운 전통과 사법권의 독립과 궁극적으로는 자유민주주의의 기본 질서를 위협하는 나쁜 판례로 남을지도 몰랐다. 그래서 나는 재판부를 향해 양심과 법률에 근거한 용기 있는 판결을 해주길 호소하며 장문의 항소 이유서를 끝맺었다.

미완의 원상회복 原狀回復

내 항소는 1974년 10월 11일 비상고등군법회의에서 기각됐다. 나는 대법원에 상고했고, 내 사건은 대법원에서 오랫동안 계류됐다. 그러다가 나는 1975년 2월 15일 대다수의 다른 피고인들과 함께 대통령 특별 조치에 따른 형 집행정지로 가석방됐다. 구속된 지 7개월 만이었다. 구속에서 풀려나니 홀가분한 기분이 들었다.

나는 사필귀정을 실감하며 흐뭇함을 느꼈다. 계란으로 바위를 쳤는데 바위가 깨졌기 때문이다. 대통령 긴급조치 1호와 4호는 발동된 그해인 1974년 8월 23일 이미 해제된 터였다.

그러나 긴급조치 위반 사안으로 이미 처벌이 이뤄지거나 재

영원히 정의의 편에

판이 계속되고 있는 사건에 대해서는 해제 조치의 영향이 미치지 않았다. 8월 23일 이전에 벌어진 사건은 긴급조치에 명시된 대로 처벌하겠다는 뜻이었다. 나는 해제 하루 전인 8월 22일에 기소되었다. 이미 사라진 유령법률에 근거해 재판받고 옥살이를 계속한 셈이었다.

나는 언젠가 어느 언론과의 인터뷰에서 내 수감 경험을 '도덕 사우나Moral Bath'라고 묘사한 적이 있다. 감옥에서 읽었던 《전쟁과 평화》의 한 구절을 인용한 표현이었다. 나는 감옥에서 양심의 세찬 물줄기로 온몸을 씻었다고 할 수 있었다.

대법원에 상고된, 이른바 '강신옥 변호사 사건'은 하염없이 방치되다가 1985년 1월 29일 대법원이 유죄판결의 원심을 깨고 서울고등법원에 파기 환송을 함으로써 사건 발생 14년 만인 1988년 3월 4일 서울고등법원에서 무죄로 확정 선고됐다. 검찰은 재상고하지 않았다. 똑같은 사건을 갖고 14년의 간격을 두고서 한 번은 유죄가, 한 번은 무죄가 선고됐다. 개운한 마음이 들면서도 다른 한편으로는 씁쓸한 느낌을 지울 수 없었다.

법이 수호해야 할 최고의 가치 규범은 정의다. 자연법의 정의에 맞지 않는 실정법상 정의는 정의가 아니다. 법관이 양심을 갖고 판결에 임하면 어느 편이 정의라는 것을 분명히 알 수 있다. 정의가 무엇인지 몰라서 실행하지 못하는 것이 아니다. 용기가 없어서 못 하는 것이다.

내 사건이 대법원에 오랫동안 계류돼 있었던 것은 사실은 담당 판사가 내게 호의를 베풀어준 덕이 컸다. 사건의 주심을 맡은 김윤행 판사가 계속 시간을 끌어준 덕분에 이 사건은 미처리 상태로 10년 넘게 캐비닛 안에 머물러 있었다. 중앙정보부에서도 자신감이 없는지 사건 처리를 독촉하지 않았다. 확정판결이 미뤄진 덕택에 나는 미결수 신분으로 변호사 자격을 유지할 수 있었다.

그러나 대가도 컸다. 권력에 의해 요주의 인물로 낙인찍힌 후, 나는 예전과는 달리 적극적으로 변호사 활동을 하기가 어려워졌다. 내가 민감한 사안의 변론에 다시 나서면 중앙정보부가 대법원에 내 사건을 마무리하라는 압력을 넣을 게 뻔했다.

대법원은 언제라도 내 사건을 끄집어내 상고를 기각 처리할 수 있었다. 이 경우에는 영락없이 징역 10년에 자격 정지 10년의 원심 형량이 확정된다. 형이 확정되면 감옥에 재수감되는 것은 물론이고 변호사 자격마저 상실하게 된다. 그러면 설령 형 만기 이전에 다시 풀려나도 당장 먹고사는 게 막막해질 수 있는 처지였다. 종이 한 장에 따라 인생의 성패가 왔다 갔다 할 판국이었다.

한승헌 변호사는 상고가 기각돼 변호사 자격이 정지된 상황이었다. 한승헌 변호사의 자격 정지를 확정 선고한 대법원의 H 판사는 신영복에게는 관대했던 판사였는데 어떤 이유에서인지

대 법 원

제 부

판 결

사 건	74도3501	대통령긴급조치위반, 법정모욕
피 고 인	강 신 옥(姜 信 玉)변호사	
	1936.11.23.생	
	주거 서울 서대문구 성산동 3	
	본적 서울 마포구 동교동 10의 12	
상 고 인	피고인	
변 호 인	변호사 주운화 (별지기재와 같다)	
원 판 결	비상고등군법회의 1974.10.11.선고, 74비고군형항제54호판결	
주 문	원심판결을 파기하여,	
	사건을 서울고등법원에 이송한다.	
이 유	이사건 피고인 및 피고인의 변호인 변호사 구운화	

대법원 판결문

그는 한승헌을 혹독하게 대했다.

요즘은 변호사들에게 공증 자격이 자동으로 부여되지만, 당시에는 그렇지 않았다. 나는 몸조심을 할 수밖에 없었고, 그 결과 약 2년간은 변호사 활동을 하지 못했다. 변호사 사무실 문을 다시 연 나는 1979년 10월에 10·26 사태가 일어날 때까지는 시국 사건은 맡지 않고 일반 사건만 수임해야 했다.

앞서 1976년 6월에는 법무부가 민청학련 사건을 변론하는 과정에서 변호사의 품위를 손상했다는 이유로 몇몇 변호사들을 대상으로 변호사 징계위원회에 징계 개시 신청을 했다. 지학순 주교의 양심선언을 영문으로 번역한 임광균 변호사 또한 징계 개시 신청 대상자였다. 변호사 징계 업무는 현재는 대한변호사협회가 관장하고 있다. 이 권한을 그즈음에는 법무부가 틀어쥐고서 변호사들을 옥죘다.

사건이 대법원에 계류돼 있으므로 대법원 확정판결이 나오기 전까지는 징계 절차가 중지돼야 한다는 내 항의가 다행히 주효했다. 그럼에도 예전만큼의 용기가 나지 않은 게 사실이었다. 인권변호사 활동에서 나는 일종의 공백기를 맞이했다. 변호사로서의 뚝심과 투쟁심이 살아 있다고 말하기 어려운 이런 답답하고 부자유스러운 생활은 10·26 때까지 지루하게 이어졌다.

영원히 정의의 편에

하늘의 도는 과연 있는가 天道是也非也

민청학련 사건과 인혁당 사건의 피고인들은 사건 관련자와 유족들의 재심 청구에 따라 법률적 구제 조치를 받고 명예를 회복했다.

2002년 9월 12일에는 대통령 직속 '의문사 진상조사위원회(위원장 한상범)'가, 2005년 12월 7일에는 '국가정보원 과거사건 진실규명을 통한 발전위원회(위원장 오충일)'가 인혁당과 민청학련 사건이 조작됐다는 조사 결과를 차례로 발표했다.

2009년 9월 11일에는 서울고등법원이 민청학련 사건 관련 재심에서 관련자 8명에 무죄를 선고했다. 그에 앞서서 2007년 1월 23일에는 서울중앙지법이 인혁당 사건 관련 재심 선고 공판에서 박정희 시대에 사형이 선고되었던 피고인 8명 전원에게 무죄 판결을 내렸다. 2007년 8월 21일 서울중앙지법은 인혁당 사건 희생자 유족들이 국가를 상대로 낸 손해배상청구소송에서 국가가 637억 원을 배상해야 한다고 판결했다.

사건의 진상이 밝혀지고 피고인들의 훼손된 명예가 회복되기는 했으나 죽음까지 되돌릴 수는 없었다. 철학에서는 진정한 생명이란 사람들의 기억에서 잊힐 때 소멸하는 것이라 말한다. 그렇지만 사법살인의 억울한 희생자들이 지금 이 순간 우리 곁에서 숨 쉬고 있지 않음은 분명한 사실이었다. 꽃다운 나이에 독재 정권의 권력욕에 희생된 그들의 억울함을 그 무엇으로 달랠 수 있단 말인가?

민청학련과 인혁당 재건위 사건 1심 재판에서 사형이 선고된 피고인은 모두 14명이었다. 민청학련 사건에서는 이철, 유인태, 여정남, 김병곤, 나병식, 김지하, 이현배에게 사형이 선고됐다. 인혁당 재건위 사건과 관련해서는 도예종, 서도원, 하재완, 송상진, 이수병, 우홍선, 김용원에게 사형판결이 내려졌다.

인혁당 재건위 사건에서 사형이 선고된 7명과 양쪽 사건의 연결 고리로 민청학련 사건에서 사형선고를 받은 여정남까지 8명은 1975년 4월 8일 대법원에서 상고가 기각됨으로써 사형판결이 확정되었다. 그들은 그로부터 18시간 만인 다음 날 새벽 6시 전격적으로 형이 집행되었다.

영원히 정의의 편에

서도원(당시 52세·전 대구매일신문 기자), 김용원(당시 39세·경기여고 교사), 이수병(당시 38세·일어학원 강사), 우홍선(당시 45세·한국골든스 탬프사 상무), 송상진(당시 46세·양봉업), 여정남(당시 30세·전 경북대 학 생회장), 하재완(당시 43세·건축업), 도예종(당시 50세·삼화토건 회장)이 이날 목숨을 잃었다. 고인들의 명복을 다시 한번 더 비는 바이다.

박정희 패러독스

사형 확정판결이 났어도 재심 절차가 존재하기 때문에 실제 집행까지는 상당히 오랜 시간이 걸리는 게 일반적이다. 변호사들은 보통 바로 재심 청구를 한다. 그런 통상적 절차마저 아예 원천 봉쇄하고 바로 다음 날 사형 집행이 이뤄졌다는 것은 결국 최고 권력자의 뜻이 담긴 것으로 해석될 수밖에 없다. 유신정권은 정통성에 자신이 없었다. 기습적인 사형 집행은 궁지에 몰린 정권이 느끼는 지독한 불안감의 발로였다.

정권의 이러한 폭주에 최소한 대법원만이라도 제동을 걸어야 하는데 그러지 못하고 수동적으로 따라만 갔다. 정통성 없는 정권에 동조하며 청와대의 눈치를 보던 인사들이 법관으로 출세해 나쁜 판결을 한 것이다.

내 사건에도 박정희의 의중이 깊게 작용했을 것이라는 심증이 있다. 박정희 대통령이 "저런 변호사를 놓아두면 앞으로 어떻게 될지 모른다"고 말했다고 전해졌기 때문이다. 어쩌면 중앙정보부가 박정희의 의중을 헤아려 내 사건을 주도했을 수도 있다.

2005년 12월 '국가정보원 과거사건 진실규명을 통한 발전위원회'는 인혁당 재건위 사형수들의 전격적 사형 집행과 관련해 문서나 증언은 없지만, 청와대의 의사가 반영된 조치로 판단했다. 밀리면 끝장이라고 생각한 집권세력이 강경책을 쓴 결과였던 셈이다.

내 사건과 관련해 이러한 강경책은 박정희 정권에게는 되레 큰 자충수가 됐다. 박정희 정권이 나를 구속하는 바람에 역설적으로 변론이 최고의 효과를 발휘할 수 있었기 때문이다. 일단 법정이 폭탄 맞은 것처럼 아수라장이 됐고, 그 파장은 전 세계로 일파만파로 퍼져 나갔다. 유신정권은 인권의 보루인 변호사까지 무차별적으로 구속함으로써 1974년의 대한민국의 시계가 중세 암흑시대로 되돌아가 있음을 상징적으로 자백한 꼴이 되고 말았다. 이는 전 세계 언론에 박정희 정권을 야유할 수 있는 좋은 뉴스거리가 되었다.

변호인이 재판 중에 개진한 변론 내용 때문에 피고인과 함께 같은 감옥에 갇히는 한국의 기막힌 야만적 현실은 국제사회를 경악시켰다. 박정희는 한 반항적인 변호사를 무릎 꿇리려고 어설픈 꼼수를 부리다 나를 권력이 함부로 손대기 어려운 유명 인사로 일약 만들어줬다.

나는 감옥에 들어갈 때도 학생들과 같이 들어갔지만, 감옥에서 풀려날 때도 학생들과 나란히 풀려났으니, 피고인들을 석방하는 데 큰 역할을 한 셈이었다. 나를 잡아넣은 것이 애당초 얼마나 바보 같은 짓이었는지를 증명하는 일이다. 박정희 탓으로 말미암아 나는 신체의 자유를 잠시 잃었지만, 역시나 박정희 덕분에 내 이름 석 자는 역사의 한 페이지에 선명하게 남게 되었으니 이런 아이러니가 없었다.

나는 그 아이러니를 김재규 사건 변호를 맡으면서 다시 절감했다. 박정희는 김재규의 총격으로 육신의 삶을 잃었다. 그러나 그는 더 큰 역사적 과오를 저지를 뻔한 외길에서 육체적 생명을 잃음으로써 벗어날 수 있었다. 그의 돌연한 죽음은 그가 생전에 남긴 공적을 그나마 온전하게 평가받을 기회를 박정희에게 주는 역설적 결과를 초래했다. 역사는 시대와 인물을 바꾸어가며 되풀이되는 듯싶다.

영원히 정의의 편에

하루아침에 월드 스타가 되다

뉴욕 타임스는 1974년 7월 19일 자 1면과 2면에 걸쳐 '변호사, 재판 후 구속되다LAWYER IN SEOUL HELD AFTER TRIAL'라는 제목의 서울발 기사를 게재했다. '재판을 사법쇼로 규정South Korean Said to have Termed Cases a Farce하다'란 부제가 붙은 해당 기사는 37면의 간추린 뉴스 목록News Summary and Index 꼭지를 통해서도 소개됐다.

변호사, 재판 후 구속 ― 재판을 사법쇼로 규정

폭스 버터필드 기자

'서울, 한국, 7월 18일 – 지난주 열린 시국 사건 재판에서 한국의 대표적 시인과 학생 10명을 변호해 온 저명 변호사가 체포됐다고 변호사의 지인이 오늘 밝혔다.

강신옥 변호사는 지난 월요일 사무실에서 사복 기관원들에게 체포됐는데, 군법회의 판사들을 법정에서 비난했기 때문인 것이 확실하다. 군법회의 판사들은 강 변호사의 의뢰인인 김지하 시인을 포함한 여러 명의 피고인에게 사형을 선고했다. 한국의 대표적 인권 변호사인 강 변호사는 예일대에서 공부했고 조지 워싱턴대에서 석사 학위를 받았다.

야당인 신민당의 김영삼 총재도 이날 오전 짧은 시간이긴 했지만 감금돼 조사받았다. 소식통들에 따르면 김 총재는 기자 회견을 열어 박정희 대통령이 올해 선포한 제한 없는 긴급조치의 중단을 요구할 예정이었다.

이 두 사건은 박 대통령에 대한 모든 반대 활동을 억압하기 위해 꾸준히 지속돼 온 일련의 탄압조치 중 일부이다.

최근 몇 달 사이 91명이 정부 전복 기도 혐의로 유죄판결을 받았고, 그 가운데 14명에게 사형이 선고됐다. 또한 100명 이상이 재판 대기 중이라고 외교 소식통은 전했다.

또 다른 2건의 주요 사건도 현재 진행되고 있다. 윤보선 전 대통령과 목사 2명 및 미국사를 전공한 대학교수가 비공개 국방부 군법회의에 회부됐다. 이들은 박정희 정권 타도를 주장하고 반체제 학생들에게 자금을 지원하는 식으로 긴급조치를 위반했다는 혐의를

영원히 정의의 편에

받고 있다.

외신 기자들은 법정 참석이 허용되지 않고 있으며, 한국 기자들도 엄격한 통제 아래 재판 진행 상황을 보도하지 않고 있다.

민간 재판 항소심에서는 야당의 유력 정치인 김대중 씨가 1967년 및 1971년 자신에게 적용된 선거법 위반 혐의 사건의 공소가 철회돼야 한다고 주장하고 있다. 재판을 담당한 판사가 공정하지 못했다는 것이 그 이유다. 김대중 씨는 지난 8월 한국의 중앙정보부에 의해 일본 도쿄의 한 호텔 객실에서 납치됐는데, 그의 승소 가능성은 높지 않다.

일련의 재판들로 인해 한국 내에는 확연한 공포 분위기가 조성되고 있다. 시민들 사이에 대화가 줄고 있으며 속삭임이나 어깻짓으로 의사 표현이 대체되고 있다. 심지어 손님들의 방문도 노골적으로 기피되는 상태이다.

강신옥 변호사의 사무실 동료들은 그가 체포된 이유와 그를 체포에 이르게 된 법정 발언에 대해 언급하기를 거절했다. 이들 가운데 한 사람은 "우리도 체포되고 싶다고 생각하느냐?"라고 기자에게 되묻기까지 했다.

〈포괄적 금지〉

4월 3일 발포된 긴급조치에 따르면 "이 조치에서 금지한 행위를 권유, 선동 또는 선전하거나 방송·보도·출판 기타 방법으로 타인에게 알리는 것은 누구라도 사형을 받을 수 있는 범죄다"라고 규정하고 있다.

강신옥 변호사 사건에 정통한 또 다른 인사들은 강신옥이 3명의 판사를 비판하며 이 재판을 소극笑劇이라고 규정했다고 전했다. 강 변호사가 한국에서 법률가가 된 것이 부끄럽고 자신이 학생이라면 학생들과 똑같이 행동했을 것이라고 주장했다는 것이다. 올해 39세인 강 변호사는 다른 변호사와 함께 법정 밖에서 체포돼 이틀간 구금됐다가 풀려났다 다시 체포됐다.

변호사협회는 그의 체포 문제를 논의하기 위해 모임을 가졌다. 변호사가 법정에서의 변론을 이유로 구금된 것은 이번이 처음인 것으로 전해지고 있다.

김영삼 신민당 총재는 활발한 반정부 활동을 전개해 온 현직 국회의원이다. 그의 측근들에 따르면 김 총재는 긴급조치 철회뿐만 아니라 군법회의 중단과 가택연금 상태인 김대중 씨의 석방 등을 요구할 예정이었다고 한다.

인재의 산실이 된 민청학련 사건

민청학련 재판이 얼마나 엉터리였냐면 대학 입시를 재수했던 이철은 재학생이라는 이유로 형이 단축됐다. 이철은 나보다 이틀 뒤인 1975년 2월 17일 석방됐다. 이철은 이후에 대법원에서 무기징역이 확정돼 재수감됐다가 8명의 사형수의 사형이 집행된 그해 형집행정지로 다시 풀려났다. 반면, 이철과 동년배였던 유인태는 졸업생이라고 하여 이철보다 옥살이를 더 오래 했다.

졸업생들에 대한 형량이 일정한 것도 아니었다. 유인태처럼 졸업생 신분이었던 김지하는 나와 같이 2월 15일에 풀려나왔다. 그는 반공법 위반 혐의로 재수감됐다. 역시 졸업생이었던 유인태는 뒤늦게야 풀려났다. 죄목의 성격과 판결의 본질이 다르지 않았음에도 그랬다. 이들은 훗날 모두 나를 찾아와 감사의 세배를 했다.

민청학련 피고인들은 이후 뛰어난 활약을 선보였다. 민청학련의 사형수들은 인혁당 재건위 사형수들과 달리 여정남을 빼고는 모두 목숨을 건졌다. 이현배는 2심에서, 나머지 5명은 그전의 국방부 장관의 형량 확인 과정에서 무기징역으로 감형됐다. 사형을 판결받았단 사람들을 비롯한 민청학련 피고인들은 이후 사회 각 분야에서 제각기 괄목할 만한 일가를 이뤘다.

김지하는 본래 유명했으니 굳이 부연할 필요가 없을 듯싶다. 이철과 유인태는 국회의원으로 활동하며 젊은 날의 꿈이었던 이 땅의 민주화에 이바지했다. 나병식은 풀빛 출판사를 설립해 경영에 힘썼다. 이현배는 경제정의실천시민연합의 집행위원장을 역임했다. 그러나 검찰의 사형 구형에 영광이라고 패기 있게 맞섰던 김병곤은 안타깝게도 1990년 작고했다.

이해찬, 이부영, 장영달, 강창일, 심재권, 이재웅 등은 정치인으로 약진했다. 이강철, 황인성, 정찬용 등은 청와대에 들어가 대통령을 보좌했다. 유력 대선 주자로 발돋움한 김근태와 손학규도 민청학련 사건으로 수배자 생활을 했었다.

장하진은 여성부 장관으로, 김은혜는 지역 여성 운동의 대모로 양성평등의 실현과 여권 신장에 앞장섰다.

서경석은 기독교계에서, 여익구는 불교계를 무대로 활발한

영원히 정의의 편에

사회 참여 활동을 벌였다. 지학순 주교와 민주화운동기념사업회 초대 이사장 박형규 목사도 민청학련 사건에 연루되어 유죄판결을 받은 유명 인사들이다.

문국주는 민주화운동기념사업회에서 일했으며, 유홍준은 베스트셀러인 《나의 문화유산 답사기》로 필명을 떨치더니 문화재청장까지 지냈다. 임진택은 한국을 대표하는 연극 연출가로 성장했고, 류근일과 김효순은 언론계에서 두각을 나타냈다.

3장

지금, 이 법정은 정의롭습니까?
― 10·26 김재규 사건

역사의 법정이냐, 현실의 법정이냐

마르쿠스 브루투스(Marcus Junius Brutus · BC 85~BC 42)는 친아버지처럼 믿고 따르던 율리우스 카이사르(Julius Caesar · BC 101~BC 44)가 황제로 등극하려 하자, 공화정을 지키기 위해 그에게 비수를 꽂았다. 원로원은 브루투스를 사면했으나, 카이사르의 양아들인 옥타비아누스는 브루투스를 로마의 적으로 선포하고 종국에는 제거했다.

안중근(安重根 · 1879~1910)은 메이지 유신의 주역이었던 이토 히로부미(伊藤博文 · 1841~1909)를 조선의 독립과 동양의 평화를 이루기 위해 사살했다. 우리나라에서 안중근은 애국자의 표상으로 영웅시된다. 그러나 일본에서 그는 테러리스트 취급을 당해

왔다.

디트리히 본회퍼(Dietrich Bonhoeffer·1906~1945)는 목사이자 신학자였다. 그는 미친 운전사로부터 운전대를 빼앗아야 한다며 히틀러 암살 모의에 가담했다가 발각돼 나치스가 연합군에 항복하기 한 달 전에 처형됐다. 20세기 신학사의 거목으로 평가받는 본회퍼가 인류의 존경을 받게 된 결정적 계기는 신의 부름을 받은 목회자임에도 불구하고 하늘이 생명을 부여한 어느 한 인간, 즉 히틀러의 목숨을 끊으려 한 데 있었다.

브루투스, 안중근, 본회퍼 모두 현존하는 권력이 들이대는 실정법의 잣대로는 암살범 또는 암살 미수범일 뿐이었다. 그러나 역사는 이들을 법을 어겼다거나 목표를 이루지 못했다고 나무라지 않았다. 오히려 이들의 편을 들었다.

셰익스피어의 작품 《율리우스 카이사르》에서 묘사된 카이사르와 브루투스의 마지막 갈등 장면은 압권이다.

카이사르의 마지막 대사는 "브루투스 너마저? Et tu, Brute? Then fall Caesar!"라는 통탄이었다. 브루투스가 광장에 운집한 군중들 앞에서 말한 대사는 "카이사르를 덜 사랑했기 때문이 아니라 로마를 더 사랑했기 때문이다.Not that I loved Caesar less, but that I loved Rome more"였다. 그는 거룩한 대의명분에 복무하고자 카이사르를 쓰러뜨렸다.

안중근 의사는 문무를 겸비한 애국열사였다. 재판정에 선 그의 시종일관 당당한 태도에 일본인들마저 감복했다. 일본에는 지금까지도 의사설義士說과 테러리스트 설이 양립할 만큼 안중근은 일본인들이 인정한 호적수였다.

본회퍼의 신학은 미국의 마틴 루터 킹 목사와 남아프리카 공화국의 데스몬드 투투 주교에게 커다란 영향을 미쳤다. 안중근과 본회퍼가 민주주의 국가의 법원에서 재판받았다면 그들에게 과연 사형 선고가 내려졌을까?

김재규와의 접견 기록

나는 1979년 11월 29일부터 이듬해 5월 15일까지 거의 매일 같이 김재규를 면회하면서 그와 접견한 내용을 기록했다. 나는 김재규를 면회하며 그가 안중근 의사와 같은 의인임을 믿어 의심치 않게 됐다. 브루투스와 같은 처지에 놓인 김재규가 본회퍼처럼 고민하다가 안중근의 심정으로 권총을 끄집어 쏘았다고 하면 이를 억측이라고 무조건 무시할 것인가?

영원히 정의의 편에

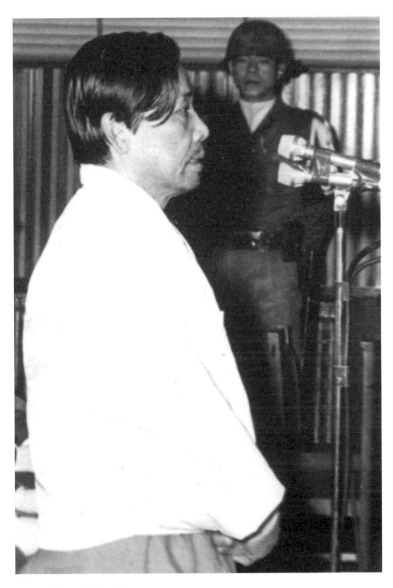

10.26 사건 공판정의 김재규

71/11/갈.   실황은 정황 ⑩   I.   Date

76 12.4 물
72.10 유신 에 3군단장
보안사 3번쨰 계열 하니다.
안안 대병란은 보레에 김락한 갑주이 예견해
유오회법을 독재로 봤다.
박정히 장이 되기 싫. 인족회법이 에네
내옷들과 독내내게를 내게어 불가
건설보였아 네어정 - 건흥 했다. 74.9.18.
한다강 CIA 장관안
운동이. 건설방정에 태축기에 건흥을 넣어 눌었다
신정휴. 정부부장 대오래한다 / 탐정의 사임으로
75. 9은 대까   먼족율업 도래으로 방법으로 해보라
77. 4월. 헌생제 법
용어임 1속라감안. 김정동 에 대 최게했으나
10.26.   오화라. 홍주 에게 명불전
웃. 가속눈이. 심장을
살기나는 1능임 10성 을 으되라.
건분문의 갈나
자롤며기각을 놓구하니 있니으로 탄딸
헌법으로 도향하니네움 본다.
3계달노에 보궁 어생
헌이바 도이 산분을 물개 있니다
끌나가 갈세. 악내. 제방영이. 여는으드.
응리얐은 울라. 좋짜증한 울데.
욱눈이 되헌가 울께 왔다네.

김재규 접견록 1

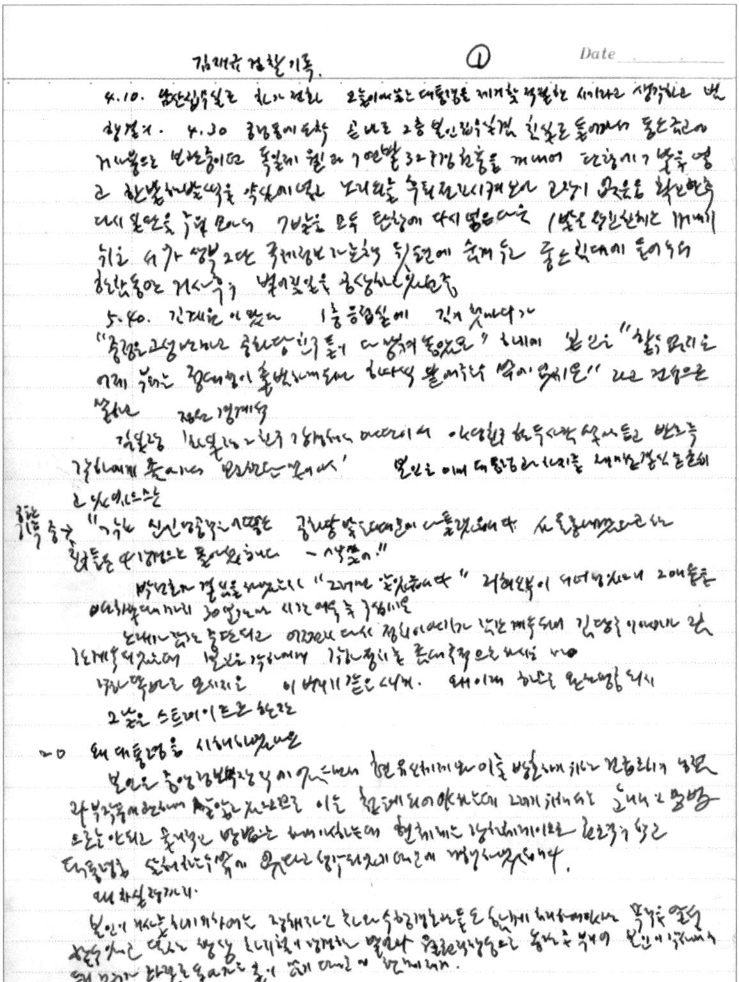
김재규 검찰기록. ①
Date

김재규 접견록 2

1979년 11월 29일

72년 10월 유신이 선포될 때 나는 3군단장이었다. 이때 유신헌법을 두세 번 자세히 읽어 봤다. "이건 각하가 영구 집권하기 위한 헌법이지 민주 헌법이 아니다"라는 부정적인 생각이 싹트기 시작했다. 독재체제가 바뀌어야 한다는 생각은 이때 처음 들었다.

그 뒤 74년 9월 14일 자로 건설부 장관 발령장을 받았다. 대통령 처음 방문 때 건설부 장관실 태극기 뒤에 권총을 감춰둔 일이 있다. 당시 신직수 중앙정보부장으로부터 그 권총을 선물받았다. 독재체제가 자유민주체제로 바뀌어야 한다는 생각은 들었으나, 각하를 저격하는 방법을 택해야 할지, 순리적인 방법을 택해야 할지를 두고 많은 생각을 했다.

처음에는 순리적인 방법으로 해보자고 생각했다. 75년에는 긴급조치 9호를 폐지하고 다른 것으로 대체토록 건의해 보기도 했다. 그러나 갈수록 유신체제가 물샐틈없이 구축되는 것을 보고 차츰 순리적인 방법으로는 민주주의 회복이 불가능하다고 판단하게 됐다.

중앙정보부장으로 임명된 후, 각종 국내외 정보 분석 결과

영원히 정의의 편에

국민은 자유민주주의를 갈구하고 있다고 판단했다. 미국도 유신체제에 대해 우정의 충고를 해왔지만, 대통령은 내정간섭이라고 오도해버렸다. 국제적으로도 국민에게 얼마나 피해가 컸는가?

79년 4월 초, 혁명 계획을 구체적으로 생각했다. 육·해·공군 참모총장을 궁정동에 모이게 해 거사를 할까 했다. 그러나 10월 26일 선호와 흥주에게만 몇 분 전 거사 계획을 얘기하고 실행에 옮겼다.

유신의 심장을 쏠 때 내가 현장에서 살아날 확률은 10%도 안 된다고 보았지만, 결국 결행했다. 지금 나는 혁명이 성공했다고 본다. 멀지 않아 민주주의는 회복될 것이다.

내가 사람을 희생시킨 것은 이번이 처음이다. 6·25 때도 내가 즉결처분한 적은 한 번도 없다.

나는 스스로 의리가 있는 사람이라고 생각한다. 대통령과도 동향이고 동기생으로서 무척 가까운 사이였다. 그러나 최고의 국록을 먹은 사람으로서 그 값을 하자는 생각, 공인으로서 대의를 위해서 살 수밖에 없다고 생각했다.

내 목숨 나머지 20년을 바치고 공인으로서 인간과 인간의 의리에 앞서 마음을 야수와 같이 먹을 때라야만 영원히 유신은 살아날 수 없다는 생각으로 이번 일을 했다.

혁명 과업의 수행을 방해하는 것은 개인감정을 앞세우는 일이다. 전 중령(전두환 전 대통령)은 나에게 순수한 뜻이라면 왜 그 자리에서 자살하지 않았느냐고 하지만 혁명을 주도한 내가 설거지해야겠다고 생각했다. 5·16 쿠데타 주체들이 수천억에서 수백억씩 먹은 것과 유신 헌법을 만드는 데 책임 있는 사람들에 대한 설거지는 내가 할 생각이었다. 그 뒤 권총을 들고 자살할 용의가 있다.

나는 희생된 분들의 명복을 빌면서 간다. 나는 명예욕은 강한지 모르나 지위욕은 없다. 군인이기 때문이다. 군인은 대통령이 돼서는 안 된다. 군인이 되면 반드시 독재로 흐른다. 나라고 예외일 수 없다. 내가 대통령을 쏘고 그 무덤 위에 올라서려 했다면 나는 두 번 죽는다. 오로지 자유민주주의 회복이라는 명예를 위해 혁명을 했을 뿐이다.

지금 생각하면 부장 때 긴급조치로 처벌한 게 마음 아픈 일이다. 400명을 내가 내보낸 일도 있으나 자꾸 들어왔다. 800명이 학생이고 380명이 일반인이었다. 대학생 1,000명이 제적됐다. 유신체제의 하수인으로서 내가 온건하다는 것이 충성심이 부족한 것으로 인식됐다.

최규하 총리가 잘해야 한다. 잔재주 부려서는 안 된다. 국민이 용서하지 않는다.

나는 죽어도 좋으나 나라가 잘못될까 봐 걱정이다. 대통령이 희생돼서 우리가 고귀하게 찾아와야 하는 것이 자유민주주의이다. 국회는 이번 혁명을 지지하고 해산해야 한다.

1979년 11월 30일

김영삼을 제명하면 얻는 것보다 잃는 것이 많다고 대통령에게 건의했다. 대통령은 "내가 이미 공화당 의장과 유정회 의장에게 지시를 내렸다"라고 했다. 나는 아무 소리 못 하고 물러났다.

제명 전날인 8월 10일 세 시간 동안 김영삼을 만났다. 나는 김영삼에게 "가다가 설 줄도 알아야지, 전쟁하는 군인 같소. 기자회견을 통해 신상 발언을 해주시오. 길게 보고 살아야지…"라고 말했다. 김영삼은 신상 발언을 거절했다.

신민당 전당대회 전에도 8시부터 장충단 공관에서 김영삼을 만났다. 나는 "전당대회는 2년마다 하니까 천천히 총재를 해도 되지 않소" 하고 설득했다. 김영삼은 자기를 포함해서 참모들을 기소하지 않겠다고 보장해 달라고 했다. 극적인 합의가 이뤄졌다.

9시 30분에 청와대에 들어가니 대통령은 "이철승이가 총재가 되게 되어 있는데 총재가 되지도 못할 놈을 뭐 하러 만나고 다니면서 영웅 만들어주느냐"라고 역정을 냈다. 그 뒤, 오탁근(전 검찰총장)이한테서 전화가 왔는데 "각하가 김영삼을 구속기소 하라고 지시했습니다"라는 보고였다. 15분 뒤 다시 전화가 와서 "다시 구속기소 하지 말랍니다. 구속을 연기하기로 했답니다" 하는 거였다.

삼선 개헌 때 나는 보안사령관이었다. 이만섭(전 국회의장)이가 내 제자인데, 하루는 나를 찾아와 고민을 털어놓았다. 나는 소신대로 하라고 충고했다. 결국 이만섭은 3선 개헌을 반대했다가, 그 뒤 공천에서 탈락했다.

당시 호남비료 고문은 정구영 씨였다. 나는 정구영 씨 동생과 동기라서 평소 정구영 씨를 지켜보며 존경하고 있었다. 삼선 개헌 때 정구영 씨 집을 찾아갔더니 차지철이 와서 다투고 있었다. 정구영을 강제로 끌고 가 삼선 개헌 찬성 도장을 받으려고 한 것이다. 나는 "그 어른은 그런다고 도장 찍을 분 아니니, 신중히 처리해야 한다"라고 말했다.

그 길로 청와대로 올라갔다. 대통령에게 "여당에서 삼선 개헌에 반대한 사람이 있다는 사실은 오히려 좋은 것 아닙니까" 하고 건의했다.

1979년 12월 초 일자 미상

김형욱이 미국에서 회고록을 출판하려 하는 것을 정보부에서 막았다. 윤일균(전 중앙정보부 제1차장)이를 시켜서 복사본을 보냈다. 박동선 사건은 내가 3개월간 검토했는데 결국 미국 사람들이 한국의 독재에 대해서 히네리(일본어로 '비트는 것'이라는 뜻의 ひねり·捻り)를 넣는 것으로 파악했다.

77년 2월 말에는 미국 정부에서 한국의 체제를 바꾸는 게 좋다는 의견까지 나왔다. 대통령은 역정을 내며 미군을 내보내도 좋다고 말했다. 나는 6·25가 애치슨 라인을 잘못해서 일어났는데 미군이 나가도 좋다는 말을 함부로 하는 것은 문제가 있다고 생각했다.

김대중이 구속된 뒤, 서울대 병원에 가 있던 것을 집으로 옮겨야 한다고 강력히 건의한 것은 나였다. 반체제가 그릇된 것이 아니라 독재체제가 그릇된 것이었다. 3선 개헌 당시 장충체육관에서 대통령을 뽑지 않겠다고 해놓고 다시 유신 체제를 만든 것은 김대중에게 90만 표 차이로 승리하고 나서였다.

이제 유신 헌법 창안자들은 책임을 져야 한다. 최규하 대행은 참신하고 감각도 있지만 감정에 빠져 있는 것 같다. 정치는 냉혹한 것이다. 박 대통령이 죽은 것에 대해서 감상에 젖어서는 안 된다. 민주주의를 하는 데는 동요와 혼란이 있을 수 없다. 유신 체제 아래서의 4대 의혹 사건들을 파헤쳐서 명랑한 사회를 만들어야 한다.

1980년 1월 14일

박 대통령은 집권욕이 애국심보다 강했다. 정의감은 있지만 애국심은 이에 정비례하지 않았다. 연산군·광해군 때도 발전은 있었다. 그러나 폭군이었기 때문에 왕으로서의 규범은 지키지 못했다. 새마을 사업 같은 것은 잘했지만 그것이 자유민주주의 말살을 정당화시켜 줄 수는 없다.

6·3사태 때 문교부 장관이 박찬현이었다. 나는 계엄사령관

영원히 정의의 편에

으로 세 번이나 학생들을 구해야 한다고 건의했다. 그러나 박찬현은 "학원 소요에 대해서 책임 못 지겠다"라고 했다. 그때부터 대통령은 혁명 정신이 무뎌졌다. 몇만 년이나 살겠다고 민족 앞에 심판받는다는 사실을 몰랐다.

1980년 1월 15일

김계원 실장, 차지철, 각하가 있을 때 나는 부산 사태를 물가 불안, 정책문화, 체제 문제가 원인이라고 보고했다. 체제를 완화해 달라고 건의했다. 각하는 "데모하는 놈은 내가 직접 발포하겠다. 캄보디아에서는 300만 명을 죽여도 까딱없었는데 100만~200만 명은 죽여도 걱정 없다"라고 했다. 나는 "확신합니다"라고 말했다.

정보가 어두워서 그런 소리나 한다고 핀잔만 들었다. 중앙정보부는 없애야 한다. 국외 파트만 필요하다. 남산의 국내 파트는 없어져야 한다.

1980년 3월 12일

나는 대통령이 되기 위해서 혁명한 것이 아니다. 대통령이야 국민이 뽑을 일이다. 군 출신에서 굳이 대통령감이 있다면 이종찬·안광호 정도라고 생각한다.

나는 대통령을 저격하는 순간에 모든 것을 다 버렸다. 전두환은 나보고 욕심이 있어서 대통령을 쏘았다고 하지만 참새가 어찌 대붕의 뜻을 알겠는가.

1980년 3월 15일

자유민주주의 회복을 하려고 거사를 했지만 개악되고 있다. 민심은 천심이다. 전두환이 재주를 피우면 탈이 난다. 국민을 우매하게 보아서는 안 된다. 국민을 우매하게 보는 것이 우매한 짓이다.

나는 10·26 혁명을 후회할 수 없다. 나를 톱으로 토막 내는 한이 있더라도 후회하지 않겠다.

월요일에 꿈을 꿨는데 범이 꼬리로 내 눈을 쳤다. 눈이 안 보이는 사람이 움막을 쳐놓고 있었다. "이게 뭐고?" 하고 보니 관세음보살님이었다. 보살은 나에게 "모든 생을 다 버리라"라고 말했다. 박 대통령을 생각하면 인간적으로 괴롭다.

1980년 4월 14일

10·26 혁명은 진리이기 때문에 국민이 따를 것이다. 천부의 자유를 위해 투쟁할 것이다. 내가 구명되고 안 되는 것은 지엽적이다. 하늘의 인정을 받는 것은 우리들의 사망 후일 것이다.

저세상 가면서 기쁘다. 좋은 일도 좋은 열매를 맺어야 빛이 나는 법이다. 국민은 용기를 잃지 말고 비굴해서도 안 된다. 나를 죽이기는 쉽지 않을 것이다. 차라리 내가 자결할 수 있게 해줬으면 좋겠다.

1980년 4월 18일

10·26 혁명 정신에 의해 언젠가는 유신 헌법 대신 새 헌법이

제정될 것이다. 이때는 헌법 전문에 10·26 정신이 들어가야 한다.

2차 대전 때 프랑스 정부가 파리를 버리고 간 것은 문화유산 파괴를 막기 위해서였다. 자동차 피스톤도 혼합 가스를 나가게 해야지, 안 그러면 폭발한다. 민주 정치는 그렇게 하는 것이다.

국회를 열어서 빨리 이 난국을 수습해야 한다. 신현확 총리는 그릇이 작은 것 같다.

1980년 4월 23일

대만에 오봉이라는 식인종이 있었다. 오봉은 종족의 식인 습관을 버리게 하려고 변장해서 지나갔다. 그 제자가 오봉을 잡아먹었다. 알고 보니 존경하는 스승이었다. 그 일이 있고 난 뒤, 그 종족은 식인 습성을 버렸다고 한다.

내 행위도 그와 비슷하다. 내 생명을 바쳐서 자유를 회복한다면 그 이상 바랄 것이 없다. 전두환이 잔재주를 부리면 국민이 희생된다.

영원히 정의의 편에

10·26의 참다운 의의는

김재규가 의인義人인가를 논할 때는 세 가지가 관건이 돼 왔다.

첫째는 박정희를 저격한 10·26 사건이 계획적 거사였는지였다. 둘째는 계획적 거사가 아닌 우발적 범행이었는지였다. 셋째는 김재규의 행동이 민주화에 공헌했는지였다.

행위의 계획성 여부는 동기에 관한 것으로 사법적 평가의 문제로 보기 어렵다. 한국 사회의 민주화에 끼친 영향은 결과에 관한 것으로 이는 역사적 평가의 문제라고 할 수 있다.

결론적으로 10·26은 김재규가 계획한 단독 사건이고, 김재규가 아니었다면 유신정권이 철폐될 때까지 10·26 사건의 몇천 배, 몇만 배 희생이 뒤따랐을 것이 확실하다는 것이다.

"박정희는 이승만과 달라서 그렇게 쉽게 물러날 사람이 아니었다"라는 판단은 비단 김재규만 한 것이 아니었다. 유신 정권이 최종적으로는 시민의 힘으로 무너졌더라도 정권과 시민의 충돌로 짧은 시간 안에 엄청난 인명 피해가 뒤따랐을 듯하다. 반면, 10·26이 없었다면 박정희는 10년을 집권했을 테고, 그 후 한국 사회는 박정희가 추가로 집권했을 10년에 더해 또 다른 10년의 암흑시대를 견뎌야 했을 것이다.

역사적 가정은 차치하고서라도 김재규가 유신에 마지막 일격을 가했다는 것은 엄연한 사실이다. 김재규가 10·26 사건을 엉성하게 저질렀기 때문이라고 그를 몰아붙이는 건 지나치다. 김재규와 민주화는 아무 관련이 없다고 김재규를 깎아내리는 평가 역시 적절하지 않다.

신군부의 권력 장악은 당시 3김씨로 대표되는 정치 세력의 안일한 현실 인식과 기존 군부 엘리트들의 미숙한 대응에 그 책임이 있을 것이다. 비유하자면 시민들이 장을 보고, 김재규가 요리해 차려 놓은 밥상을 정치인들과 군인들이 도둑놈에게 가져다 바친 꼴이라 하겠다.

영원히 정의의 편에

폭풍전야 같던 1979년 가을

10·26으로 분위기가 일변했다. 나는 민청학련 사건 이후 변호사 자격이 정지될 수도 있다는 부담을 안고 살았다. 10·26 후에는 그런 걱정 없이 민감한 시국 사건이나 인권 사건을 다시 맡아도 될 것 같았다. 운신이 매우 자유로워진 셈이었다.

10·26 직후 나는 곧바로 상황 파악이 되지 않았다. '도대체 무슨 일이 벌어진 것인가?' 하는 의문이 일었다. 이때 이택돈 신민당 의원이 내게 이런 귀띔을 해줬다.

"(김재규는) 브루투스 같다."

물가폭등과 장기독재, 농민과 노동자들의 소외감 확산 등으로 민심은 10·26 사건 전부터 이미 정권에 등을 돌린 지 오래였다. 1979년에는 YH 무역 여성 노동자들의 신민당사 농성 사태와 김영삼 신민당 총재 제명 파동, 부마 항쟁 등이 연이어 벌어졌다. 카터 행정부가 집권한 미국과의 관계도 불편했다.

박정희 정권은 총체적 위기에 직면했고 이제껏 늘 그래왔듯이 박정희는 힘으로 민심의 저항을 찍어 누르려 했다. 일촉즉발의 순간에 김재규의 권총이 먼저 불을 뿜었다.

김재규의 진면목을 발견하다

　내가 10·26 사건에 뛰어들게 된 것은 중앙정보부 의전과장 박선호의 변호를 맡으면서부터다. 박선호는 김재규의 지시를 따르다 본의 아니게 10·26의 공범이 된 터였다. 박선호의 처남이 친분이 있던 김성일 판사를 통해 내게 변호를 의뢰했다. 김성일 판사는 내 동기다.

　그런데 김수환 추기경 측에서도 김재규를 변호해야겠다고 판단했다. 김 추기경은 인권변호사로 활동해 온 황인철, 홍성우, 조준희, 이돈명, 그리고 나에게 변호를 요청했다. 김 추기경의 친구 중 금융인이 한 사람 있었는데 하필이면 김재규의 사돈이었다. 김 추기경은 김재규 사돈의 얘기를 통해 사건의 전모를 파악하고는 박정희를 살해한 중앙정보부장의 상황을 이해하게 된 듯했다. 우리나라에서 가톨릭은 민주화 운동에 힘을 실어 왔다. 가톨릭은 1979년에 들어와서도 안동교구 가톨릭 농민회 사건 등으로 정권과 계속 부딪쳤다.

김재규와 박선호의 변호를 동시에 맡게 된 나는 우선 피고인들과 면회부터 해야만 했다. 예상대로 면회가 원활하게 이뤄지지 않았고, 사건이 발생한 지 한 달도 더 지난 11월 29일에야 김재규와의 첫 면회가 가능했다. 면회가 늦어진 것 자체부터가 재판의 불공정함을 예고하고 있었다. 검찰 수사가 이미 다 끝나고 난 뒤, 면회가 성사됐기 때문이다.

나는 김재규를 만나면서 박정희에 대한 그의 진정한 생각을 읽을 수 있었다. 전두환의 신군부는 10·26을 김재규와 차지철의 알력에 따른 우발적 사건으로 규정하며 김재규의 권력욕이 사건을 유발한 근본 동기라고 몰아갔다. 그들은 사건 발생 직후부터 김재규의 비리를 날조해 언론에 은근슬쩍 흘리는 방법으로 그의 인격을 난도질했다. 일각에서는 거사를 하려면 제대로 할 것이지 왜 그렇게밖에 못했느냐는 식으로 김재규를 바보로 만들려고 시도했다. 김재규의 대중적 이미지는 재판도 시작되기 전에 만신창이가 돼가고 있었다.

그러나 김재규는 첫 만남에서부터 당당했다. 김재규의 의연한 모습에 조준희 변호사는 감격의 눈물을 보이기까지 했다.

영원히 정의의 편에

박정희는 이승만처럼 제 발로 물러날 사람이 절대 아니었다. 김재규는 박정희의 완강한 태도를 고려할 때 학생들의 희생이 더욱 늘어날 것으로 판단한 듯했다. 박정희는 부마항쟁이 벌어졌을 때 직접 발포 명령을 내리겠다는 생각까지 했었다. 학생들과 시민들의 희생을 막으려면 박정희를 제거하는 것 이외의 선택지는 없었다.

재판부는 옥중의 김재규가 변호사들로부터 자신의 행위를 미화하고 합리화하는 논리를 학습한 것이 아니냐고 의심했다. 김재규는 머리가 나쁜 사람이 절대 아니었다. 그의 최후진술은 비록 눌변이긴 했으나 완결성과 진정성을 갖고 있었다.

김재규는 머릿속으로 정리한 내용을 원고 한 장, 메모 한 줄 없이 30분 동안 진술했다. 변호사들로부터 몇 마디 얻어듣는다고 하여 단단한 알맹이로 뒷받침된 충실하고 탄탄한 논리가 단번에 생겨나지는 않는다. 갑작스럽게 귀동냥으로 배운 이야기는 티가 날 수밖에 없다.

김재규의 논리와 판단은 오롯이 김재규 자신의 것이었다. 그의 이야기들로부터는 오래전부터 진지하게 천착해 자신의 것으로 소화해 온 흔적이 역력히 묻어났다.

그는 최후진술에서 무혈혁명이 이상적이기는 하지만 그것이 힘들 경우에는 최소한의 희생이 부득이했음을 역설했다. 박정희 대통령 본인이 자유민주주의의 회복과 박정희의 희생을 불가분의 숙명적 관계로 만들었기 때문에 거사가 불가피했다는 것이었다. 그는 10·26의 목적을 다음과 같이 일목요연하게 정리했다.

① 자유민주주의 회복
② 국민의 희생 방지
③ 적화 방지
④ 대미 관계 회복
⑤ 국제사회에서 국민과 국가의 명예 회복

김재규는 부하들에 대한 선처를 부탁하며 최후진술을 마무리했다.

한 나라의 최고 권력자가 자기 오른팔인 정보기관장에게 저격당한 10·26 사건은 고대 로마의 카이사르와 브루투스의 사례를 제외하면 역사적으로 유례를 찾기 어려운 일이었다.

나는 사건 전반을 검토하고 김재규의 거사 동기를 반추하는 과정에서 본회퍼 목사가 뇌리에 떠올랐다. 본회퍼는 클라우스 폰 슈타우펜베르크Claus von Stauffenberg 대령이 주도한 히틀러 제거 작전에 가담했었다. 슈타우펜베르크의 애국심과 자기희생은 2008년 개봉된 미국 영화 〈발키리Valkyrie〉에서 톰 크루즈에 의해 생생하게 감동적으로 재연된 바 있다.

본회퍼는 목회자 신분으로 사람의 목숨을 앗아가려 했다. 하

영원히 정의의 편에

나님이 내린 인간의 생명을 강제로 거두려고 했다. 정의와 생명은 지고의 가치이다. 이 두 가지 가치 사이에서 신학자이자 목회자로서 본회퍼의 내면적 번뇌와 갈등은 무척이나 깊었다. 그는 심각한 사색과 고민 끝에 히틀러를 제거해야 한다는 확고한 신념에 마침내 도달했다. 본회퍼의 결론은 확고했다. 많은 사람을 사납게 물어대는 미친개를 이제는 막아야 한다는 생각이었다.

본회퍼는 나치스에 저항했다. 반면 김재규는 유신의 협조자였다. 더군다나 김재규는 목회자도 아니다. 그러므로 김재규가 거사한 동기에 대하여 이론이 있을 수 있다. 그러나 김재규는 더 큰 희생을 막았고, 더욱 중요한 부분은 김재규는 혼자였다는 점이다. 이것은 밝혀진 사실事實이자 사실史實이다.

안중근의 10·26과 김재규의
10·26의 평행이론

김재규가 의사義士라는 나의 심증은 면회를 하면 할수록 굳어졌다. 그를 접견하고 실망했던 날이 단 하루도 없었다. 재판이 진행되며 이뤄진 증언과 밝혀진 사실을 종합하면 김재규는 유신 정권의 성격을 면밀하게 관찰하고서 이 체제를 그대로 방치하면 파국이 도래할 것이라고 우려했음이 확실했다.

혹자들은 박정희처럼 훌륭한 지도자를 왜 암살했냐고 힐난할지 모른다. 그러나 우리는 김재규가 "박 대통령이 집권욕보다 애국심이 약했다"라며 핵심을 찔렀음을 상기해야 한다.

김재규의 입장은 면회 첫날부터 뚜렷했다. 그는 "유신의 심장을 야수의 심정으로 쐈다"라고 당당하게 진술함으로써 날카로운 언어 감각과 심오한 통찰력을 보였다. 김재규의 이 얘기는 사건의 핵심을 관통하는 결정판처럼 들렸다.

김재규가 궁정동에서 박정희를 쏜 1979년 10월 26일은 안중근 의사가 1909년 10월 26일 북만주의 하얼빈 기차역에서 히로부미를 저격한 지 꼭 70년 되는 날이었다. 김재규는 안중근 의사를 사표로 삼아 자신의 목숨을 걸었다.

김재규는 박정희를 저격하면 자기도 머잖아 숨이 끊어진다는 것을 인지하고 있었다. 그러기 때문에 나는 "권총을 꺼내든 그 순간의 심정은 이토 히로부미를 쏘던 안중근의 심정과 같았다"라는 김재규의 말을 신뢰해 왔다. "정의를 실현할 때가 됐으니 내가 나서지 않으면 안 되겠다"라는 비장한 각오 아래 김재규는 홀로 광야로 나섰다는 게 그때나 지금이나 그에 대한 나의 변함없는 평가이다.

김재규는 전두환이나 노태우와는 달리 패거리와 작당作黨하지 않았다. 이는 그가 사욕을 치밀하게 따지지 않았다는 뜻이다. 사람이 홀로 외롭게 목숨을 걸며 나설 때는 생명보다 더 소중하게 여기는 가치가 있기 마련이다.

김재규를 의사로 여기지 않는 여러 논지 가운데 하나는 그의 행위가 우발적이었으며 이후의 행동 역시 믿기지 못할 만큼 허술했다는 주장이었다. 사실 김재규의 그러한 부분을 명확하게 설명하기는 어렵다.

중요한 사실은 유신정권 체제라는 시대적 상황을 고려할 때 조직적으로 거사를 계획하기 어려웠다는 점이다. 중앙정보부장이란 자리가 아무리 권세가 막강해도 절대권력자를 제거하겠다는 속마음을 다른 사람에게 함부로 내비칠 수는 없었다.

　1970년대 후반은 4·19 혁명과 5·16쿠데타가 일어났던 1960년대 초반과는 달리 허술하고 만만한 시대가 아니었다. 5·16 쿠데타는 진즉에 그와 관련된 소문이 시중에 나돈 터였다. 장면 총리는 쿠데타가 일어날지도 모른다는 풍문을 접하고 장도영 육군참모총장에게 그 가능성을 물었다. 장 총리는 현석호 국방부 장관과 이태희 검찰총장에게도 비슷한 질문을 던졌다.

　국가권력의 감시의 눈길이 느슨했던 시대마저도 보안 유지가 수월하지 않았다. 하물며 억압의 강도가 극강에 달했던 유신 시대의 한복판에서 계획이 외부로 누설될 위험 없이 대사를 도모하는 일은 사실상 불가능에 가까웠다. 이러한 시대적 분위기 아래에서 김재규는 고독한 결단을 내릴 수밖에 없었다.

　김재규가 아무나 붙잡고 함부로 계획을 상의했다가는 그 즉시 밀고를 당하거나 도청이 될 판국이었다. 그즈음은 거사는 고사하고 박정희에 대한 부정적 얘기만 발설해도 그 즉시 모조리 잡혀갈 만큼 통제와 감시가 철저하던 시절이었다. 술 마시다 말을 잘못해서 잡혀 들어가는 '막걸리 보안법'의 시대였다. 그러니 대규모의 조직적이고 계획적인 모의는 비현실적인 얘기였다.

결국에는 김재규 혼자였다. 나는 그가 오랜 고민과 숙려 끝에 홀로 십자가를 지는 단독 혁명을 꾀했다고 생각한다. 김재규는 "일단 거사가 벌어지고 나면 일이 풀릴 수도 있겠구나" 하는 막연한 기대를 하고서 행동에 착수했다고 나에게 털어놓았다. 그는 심지어 최측근인 박선호에게조차 거사 계획을 미리 알리지 못했다. 김재규가 거사 후에 자신이 통제할 수 있는 남산의 중앙정보부로 가지 않고 용산의 육군본부로 향한 것도 이러한 맥락에서 이해할 수 있다.

그는 어차피 혼자였다. 정보부든 육본이든 어디로 간들 결과를 예측하긴 힘들었으니, 막연하고 낙관적인 희망 아래 움직여야 했다. 설령 중앙정보부에 갔다고 해서 김재규에게 일이 순조롭게 풀렸을 것이라고 보기 어렵다. 오히려 국가기관들 사이의 무력충돌로 인해 인명 피해만 더 가중됐을 공산이 크다.

홀로 결단하고 추진한 일이 아무 문제 없이 순조롭게 진행되기는 어렵다. 그런 측면에서 봤을 때 김재규의 동기가 순수했음을 우리는 알 수 있다. 김계원 비서실장 등 주변 동료들을 규합해 5·16 쿠데타 벌이듯이 조직적으로 움직여야만 했다고 그를 나무라는 일은 어쩌면 제삼자의 한가한 관전평일지도 모른다.

엄혹한 유신 체제에서 조직으로 움직이라고 하는 것은 애당초 불가능한 일을 요구하는 것이었다. 게다가 박정희 정권에 굴종하고 아부하며 출세했던 기회주의적 인사들이 김재규의 순진

함과 무계획성을 질책하는 방식으로 그를 깎아내리는 것은 더더욱 부당한 노릇이다.

그가 거사에 나선 동기는 얄팍한 개인적 이해관계에서 비롯되지 않았다. 그렇다고 나이 50세가 넘은 정보기관의 수장이 전혀 준비가 안 된 상태에서 단지 '욱'하는 마음에 우발적으로 행동을 벌였을 리는 더더욱 없다.

그에게는 정의의 길이 무엇인지 또렷이 보였다. 그러니 사나이답게 제 한 목숨을 기꺼이 걸을 수 있었다. 적어도 목숨을 거는 그 순간만큼은 안중근과 김재규 사이에 수준과 격조의 차이가 있다고 섣불리 단정해서는 안 된다.

사육신死六臣에 이름을 올리지 못한 사육신이 있다. 1977년 국사편찬위원회는 사육신과 함께 단종 복위를 기도하다 처형된 김문기(金文起·1399~1456)를 사육신으로 선정했음에도 기존 6인의 명단을 바꾸지는 않았다. 사육신이 7명이 되는 어정쩡한 상황이 빚어졌다.

김녕 김씨로 김문기의 후손인 김재규가 김문기를 선정하는 과정에 영향력을 행사했다는 주장이 일각에서 제기되기도 했지만 김재규는 김문기처럼 되고 싶어 했다. 남자답게 죽을 자리를 찾고 싶어 했다. 의사 김재규의 진가를 재발견할 수 있는 의미심장한 일화이다.

영원히 정의의 편에

변호인단의 재구성

　재판이 진행되는 도중에 김재규가 사선 변호인을 받지 않겠다고 갑자기 선언했다. 변호사의 조력 없이 재판받겠다는 얘기였다. 나는 김재규가 왜 그러한 결정을 내렸는지 지금까지도 그 이유를 모르겠다.

　김재규의 변호인단은 스무 명 규모였다. 김재규가 사선 변호를 거부하자, 안동일 변호사와 신호양 변호사가 그의 공동 국선 변호인으로 선임됐다. 안동일은 김재규가 사선 변호인들을 신뢰하지 않는 것 같다고 귀띔했다. 사선 변호인들이 이 사건을 정치적 선전선동의 장으로 활용하는 것 같다는 인상을 받은 까닭에 김재규가 사선 변호인 없이 재판을 받기로 결심했다는 게 안동일 변호사가 조심스럽게 내린 추측이었다.

몇몇 변호사들이 자신들의 인기 관리를 목적으로 변호를 자청한 사례는 물론 있었다. 변론에 두서와 체계가 모자랐던 측면 또한 있었음은 사실이다. 전두환의 보안사령부가 사선 변호인을 물리치라고 김재규를 꼬드겼을 가능성 역시 존재한다.

김재규는 "나 혼자서 혁명의 정당성을 말할 수 있다"라고 선언했었다. 그는 자신의 철학과 정세 판단 아래 오랫동안 거사를 계획했다는 점을 변호인들의 도움에 의지하지 않고 법정에서 자기 힘으로 밝히고 싶어 했다. 있는 그대로의 자기 모습을 세상에 보여주는 게 그가 주장하는 대의명분의 호소력과 설득력을 높이는 데 도움이 되리라고 김재규는 판단한 듯하다.

국선 변호는 재판 과정에 별다른 영향을 미치지 못한 채 요식 행위에 머무는 경우가 잦았다. 김재규는 국선 변호인이 사건의 실체적 진실을 증명하는 데 별다른 도움이 되지 않는 것으로 판단했을 수 있다.

그렇지만 안동일 변호사는 국선 변호인으로서 일반적 기대를 훌쩍 뛰어넘는 훌륭한 변론을 해줬다. 나는 박선호의 변호인이기도 했기 때문에 김재규의 사선 변호인단이 전원 철수한 뒤에도 김재규 옆에 계속 남게 됐다. 김재규와 박선호가 연관된 사건의 내용이 동일했기 때문이다.

사선 변호인단 거부 사태는 1심이 끝나며 종료됐다. 김재규

재판과정을 지켜보고 있는 엄숙한 표정의 변호인들

는 1심을 마친 후 나에게만 면회를 와달라고 부탁하면서 2심 변호를 맡겼다. 이러한 우여곡절을 거쳐 2심부터는 나를 포함해 김제형, 이돈명, 황인철, 조준희, 홍성우, 안동일로 변호인단이 다시 구성됐다.

변호인들은 똘똘 뭉쳤다. 김재규의 혁명론을 받아들이는 것에는 내가 가장 적극적이었다. 이돈명과 조준희도 김재규에게 동조적이었다. 이와 달리 홍성우는 김재규와는 조금은 거리를 두고서 재판에 대처했다.

존경하는 재판장, 그리고 재판관 여러분

이 역사적인 재판을 시작함에 있어서 피고인 김재규의 변호인으로 관여하게 된 우리 변호인단 일동은 재판에 임하는 우리의 입장을 밝히고 아울러 몇가지 당부와 다짐을 드리고자 합니다.

지금 검찰관의 공소장낭독에서도 밝혀진 바와 같이 현직 중앙정보부장과 대통령비서실장이 공모하여 대통령을 살해하였다고 하는 공소사실 자체만으로도 이 사건은 전대미문의 중대사건으로서 이 사건 재판의 심리와 결과에 대하여는 전 국민의 관심과 주목은 물론 전세계의 이목이 집중되고 있는것으로 압니다.

따라서 이와 같은 중대사건의 재판과정에서 밝혀지는 진실과 재판의 결과는 바로 우리민족이 앞으로 살아갈 정치적인 삶과 이 나라의 역사의 향방을 가늠

김재규 변호인단의 입장과 다짐 1

영원히 정의의 편에

하는 중요한 의미를 갖게 될 것입니다.

그렇기 때문에 이 사건은 실상 역사의 심판, 국민의 심판만이 있을수 있을뿐 기존의 정치적, 법적질서의 산물인 현행 실정법 체계안에서 재판하기에는 몹시 부적당한 것인지도 모르겠읍니다.

그러나 제도적으로는 이 법정이 재판할 수 밖에 없는 것이라고 한다면 적어도 현실정치의 이해를 떠난 역사적 안목과 겸허한 자세로 진정한 국민의 뜻에 귀 기울이는 성실성이 이 재판을 통하여 나타나게 되게를 희망하는 바입니다.

그러기 위하여는 재판과정의 적법성이 무엇보다도 철저하게 보장되어야 겠읍니다.

무릇 재판이란 그 결과가 공명정대하여야 함은 물론이려니와 이에 못지 않게 중요한 것이 바로 재판절차의 적법성의 엄격한 보장인 것입니다.

김재규 변호인단의 입장과 다짐 2

김재규 재평가, 더는 미룰 수 없다

2000년 1월, 〈대한민국 민주화 운동 관련자 명예 회복 및 보상 등에 관한 법률〉이 제정됐다. 이 법률에 따라 국무총리 소속 '민주화 운동 관련자 명예 회복 및 보상 심의위원회(약칭 민주화 심의위)'가 발족했다.

민간에서는 같은 해 10월, '10·26 재평가와 김재규 장군 명예 회복 추진위원회(약칭 추진위)'가 구성됐다. 나와 이돈명 변호사, 함세웅 신부, 청화 스님 등이 추진위에 참가했다. 김재규의 오촌인 김진백 씨가 2001년 10월 26일 김재규를 민주화 운동 관련자로 인정해 줄 것을 신청했고. 추진위가 이와 관련된 실무를 지원했다.

영원히 정의의 편에

김진백 씨의 신청이 '4촌 이내 범위'라는 신청자의 적격성 문제로 기각되자, 김재규의 미망인인 김영희 씨가 2004년 7월 12일 심의를 재신청했다. 증언 청취와 심사 등의 절차가 뒤따랐다. 이를 계기로 10·26 재평가를 둘러싼 역사 논쟁이 불붙었다.

나는 같은 해 8월 9일, 10·26 사건 재판 당시에 육군본부 계엄보통군법회의의 검찰관으로 있었던 전창렬 변호사와 함께 증인으로 출석했다. 증인으로 나온 우리 두 사람은 몇 시간 동안 설전을 벌였다. 심의위는 신속한 결정을 내린다는 방침을 애당초 세웠다. 그러나 박정희 지지자들의 반발에 부딪혀 '보류 및 계속 조사'라는 인용도 아니고 기각도 아닌 어정쩡한 상태가 한동안 지속됐다.

박정희 지지자들에게 김재규는 국가원수를 시해한 죄목으로 사형된 살인자였다. 정부는 김재규가 민주화 유공자가 된다는 게 그리 달갑지만은 않았다. 박정희의 딸인 박근혜의 정치적 영향력이 시퍼렇게 살아 있었기 때문이다.

친일인사 명단 공개조차 엄청난 파문을 초래한 상황에서 김재규의 명예 회복 문제까지 첨예한 현안으로 대두하면 정부의 국정운영에 적잖은 부담으로 작용할 수 있었다. 사회적 공론화가 좋기는 하지만 과거사 논쟁이 미래지향적 국정 과제를 가로막는 한국 사회의 고질병이 재발할 우려가 있었다.

유신독재에 저항했던 민주화 유공자들의 상당수는 김재규에 대한 재평가를 마음에 썩 내켜 하지 않을 수 있다. 김재규는 그들이 혹독한 고초를 겪은 박정희 정권 시대에 초대 보안사령관, 건설부 장관, 중앙정보부장 등의 요직을 두루 섭렵한 박정희의 측근이었기 때문이다.

2004년 12월 20일, 심의위의 '관련자 및 유족 여부 심사 분과위'는 찬성 3, 반대 7로 김재규의 민주화 운동을 인정하지 않기로 했다. 본회에서 최종 결정이 내려지기에 앞서서 김재규의 가족들은 신청을 철회했다. 공정한 심사 대신에 정치적 고려나 여론의 풍향에 따라 심사 결과가 결정되는 경향이 강한 터라 신청 자체의 의미가 훼손됐다고 가족들이 판단했기 때문이다.

후세의 사가들이 판정할 몫이라는 구실 아래 교통정리가 차일피일 미뤄지는 문제들이 있다. 당대이든 후세이든 역사를 평가하는 주체는 인간이다. 관건은 평가하는 사람들의 객관성과 자료의 충실성이다. 평가의 시점時點이 요체가 아니다.

정치적 이해관계나 상대방의 입장을 따져가며 할 일을 미루는 게 영악한 처신이 될 수는 있을지 모른다. 그러나 정의나 기개를 대범하게 세우는 의로운 일은 되지 못한다는 게 내 신념이다. 10·26에 대한 정당한 평가가 사건에 이해관계를 가진 당사자들 때문에 잠정적으로 미뤄졌을 뿐, 김재규가 의인이라는 사실에 대해 나는 추호의 의심도 없다.

김재규 변호인단 중에서도 그가 의인인지에 관해 회의적인 사

영원히 정의의 편에

람들이 여럿이었다. 김구 선생은 "살 때는 민족정기를 위해서, 죽을 때는 대의명분을 위해서"라고 역설했다. 김재규는 유신의 심장을 멈추게 한다는 대의명분을 좇아 죽었으니, 가히 일세의 영웅이라고 일컬어질 수 있다.

김재규가 긴급조치 해제를 건의하는 등 권력 핵심부 내에서 민주주의 회복을 위해 나름대로 애쓰고 있었다는 사실이 그의 사후에 하나둘씩 차츰차츰 알려지게 되었다. 심지어 박정희 정권에게는 최대 위협이었던 장준하 선생도 의문사하기 직전에 김재규와 시국 인식을 공유한 것 같다는 정황 증거마저 나왔다.

김재규의 남자 박선호와
궁정동의 여인들

　박선호 중앙정보부 의전과장은 현직 해병대 장교였다. 그는 김재규에게는 제자와 같은 존재였다. 박선호가 졸업한 대구 대륜 고등학교에서 김재규는 박선호가 이 학교에 입학하기 전에 체육 교사로 근무했기 때문이다.

　실제로 김재규는 박선호를 제자처럼 생각했다. 김재규가 잠시나마 교편을 잡게 된 동기는 매우 우연적이었다. 그가 육군 대위로 복무하던 시절에 소속 부대원이 경찰과 싸움이 붙은 일이 있었다. 그날은 김재규 차례도 아니었건만 당직 사령을 하다가 이 사건에 책임을 지고서 면관免官을 선택한 것이다.

군문을 떠난 김재규는 처음에는 김천중학교 체육 교사로 부임했다. 그때 제자가 박정수 전 외교통상부 장관이었다. 그다음에는 대구 대륜고로 옮겼는데, 이곳에서는 이만섭 전 국회의장이 김재규의 학생이었다. 김재규는 교사를 그만둔 후에도 옛 제자들을 여러모로 챙겨줬고, 특히 이만섭은 김재규를 은사로 모셨다.

김재규와 박선호의 운명 같은 인연은 한 차례 더 반복된다. 10·26 사건 발생 1년 전쯤 중앙정보부 의전과장은 육사 15기 출신의 K 대령이었다. K 대령은 나와도 친분이 있는 사이였다. 그런데 K는 세간을 시끄럽게 한 압구정동 현대 아파트 특혜 분양 사건에 연루돼 자리에서 물러나게 됐다. 김재규는 이전부터 눈여겨보고 있던 박선호를 그 자리에 후임자로 앉혔다.

결과적으로 K 대령은 현대 아파트 덕에 목숨을 건진 셈이 됐다. 그렇지만 박선호는 한 번은 김재규가 군복을 벗었던 일로, 또 한 번은 전임자인 K 대령이 군복을 벗었던 일로 10·26이라는 거대한 역사적 격랑을 향해 그의 의중과는 전혀 상관없이 말려 들어갔다.

박선호의 설명에 근거하자면 중앙정보부 의전과는 궁정동 안가의 소행사와 대행사를 책임지는 기구였다. 소행사는 박정희의 단독 행사를 뜻했고, 대행사는 김계원 비서실장과 김재규 중앙정보부장이 합석하는 일정한 규모 이상의 행사를 가리켰다. 박선

김재규의 성장과정

1. 김재규은 ～～～ 18대 논가 ～～～ 이문등 7812(?) 에 ～～～ 김행히라 ～～～ 천주교의 집안 ～～～ 태어 났습니다.

그해는 3.1운동이 일어났지 ～～～ 6.10만세 사건 ～～～ 독단투쟁하기이 있었으나 ～～～

～～～ 독실이란 북의 1858년의 얼마되이 밤에 없는 엄친으로 북의 어머떼는 어버이 느니, 소승느니 또는 친구느니 ～～～ 보지기 아배 " ～～～ 느라야 된다" "～～～ 게 살아라" " ～～～ 인 ～～～ 인배라 " " 대망부는 좋은 자나는 괏 찾아야 된다"는등 교훈은 ～～～ 자옥과 ～～～ 신붑이 ～～～ 느닌의 ～～～ 인르느 준이며 ～～～ 했다.

강신옥 친필초고 김재규 성장과정 1

3. 군사 경력

가) 입문

육군사관학교 제2기로 입교하여 1946년 12월 14일...
(?)... 소위로 임관 (1946.12.14) 전후 ... 2년에
... 되었으나가 ... 영예로운 ... 는
근무 ... 하였습니다.

나) 명예 제대(?)

위 영예로운 근무 당시 ... 대령 감봉(?) ...
... 사람으로서 ... 동료에 비하면 ... 하는 것은 안... 아니는 ...
... 앞두고 ... 마침 ... 육군시장부에
... 진급 ... 있자 ... 다시 ...
근무는 ... 하는 ... (... 인력 사람 ...)
... 동기생이 ... 그가 ... 시기적으로(?)
... 근무 하고 있었음) ...
... 진급에 ... 는 1947. 6. 1과 ...
... 명예제대 되어 근무 ... 에서
되었습니다.

다) 2주 ... 에 ... 감리교(?)중학교, 대전 중학교
체육교사로 ... 복직 하였다가 ... 의 감봉(?)이
... 많이 ... 군복무(?) 에 ... 하여...

강신옥 친필초고 김재규 성장과정 2

호는 이 행사 자리에 여인들을 배석시키는 채홍사 역할을 담당
했다. 이는 K 대령이 그의 전임자로 맡았던 일이었다. 소행사와
대행사를 합하면 일주일에 한두 차례의 이벤트가 마련됐다.

행사는 추석 같은 명절에도 열렸으므로 박선호는 1년 내내
쉴 사이 없이 바빴다. 미모가 출중한 젊은 여성들을 일주일에 한
두 번씩 계속해서 섭외해 소행사나 대행사에 참석시키는 일이
간단할 리 없었다. 어떤 때는 차지철이 구체적으로 특정한 여성
을 지목해 데려오라고 지시해 마찰이 빚어졌다고 한다.

이런 일이 몇 년째 계속되다 보니, 박선호는 동원된 여성들과
관련하여 "텔레비전에 나오는 연예인들은 거의 다"라고 토로할
지경이었다. 박선호는 "더는 못 하겠다"라고 수시로 하소연했고,
김재규는 "지금 그런 소리 할 때 아니다. 조금 더 기다리다 쓰레
기들 다 치워버리고 남자답게 가자"라며 부하를 달래곤 했다.

섭외 대상에 해당하지 않았던 여성 연예인들을 손꼽는 게 더
쉬울 정도로 궁정동 행사는 빈번히 열렸다. 실제로 재판이 진행
되는 도중에 박선호가 극도로 흥분해 박정희의 여자관계를 거론
하려고 한 적이 있다. 그러자 뒤에 앉아 있던 김재규가 "야, 그 얘
기는 하지 마"라고 박선호를 제지했다.

어쩌면 김재규의 태도가 옳았을지도 모른다. 권력자의 여성
편력은 아름답지 못한 이야기였다. 더욱이 피해자일 여성 연예인
들의 프라이버시도 존중돼야만 했다. 나는 역사의 기록에 그들

영원히 정의의 편에

의 실명을 거론하는 게 무슨 의미가 있는지 의문스럽다.

나는 10·26 사건의 피의자들을 변호하면서 '열불'이 났다. 박정희는 대통령이라는 직위를 이용해 연예인들을 술자리로 불러냈다는 사실 하나만으로도 엄중하게 단죄돼야 했다. 나는 법정에서의 변론 전술 차원에서도 박정희의 부도덕성을 물고 늘어지는 게 효과적이라고 판단했다.

내가 문제를 법정에서 공개적으로 터뜨리려 시도하자, 김재규가 강력히 만류했다. 그런 김재규마저 하루는 몹시 기분이 언짢았는지 그 일을 자세히 언급했다. 동원된 여성들의 숫자가 100명 이상이 됐다는 회상이었다. 그는 법정에서만 진술하지 않았을 뿐 대강의 내막을 털어놓았고, 나는 이 문제를 영원히 가슴 속에 묻고 가기로 결심했다.

박선호 변론은 김재규 변론과 엇비슷한 기조로 이뤄졌다. 내란이냐, 애국적 행위냐가 사건의 본질이었다. 1심이 끝난 후에 사선 변호인을 거부했던 김재규는 나의 박선호 변론 내용을 보고서 2심에서는 나도 그 일원인 사선 변호인단을 구성해 달라고 요청했다. 나는 김재규의 최후진술을 속기로 기록해 언론에 공개한 다음, 다수의 지식인에게도 돌려 읽도록 했다.

김재규는 박선호에게 거사 전날까지도 속마음을 드러내지 않았다. 김재규는 "아무도 믿을 수 없었다"라고 회상했다. 그는 누구와도 상의하지 못한 채 혼자 냉가슴을 앓으며 끙끙거렸다.

박선호는 거사 당일에야 김재규로부터 계획을 전해 듣고 깜짝 놀랐다. 박선호는 "계획을 연기할 수 있습니까?"라고 물었고, 김재규는 "안 된다"고 대답했다. 박선호는 "경호원이 더 나와 있습니다"라고 상관인 김재규에게 거짓말을 하여 거사 개시 시간을 30분 늦췄을 뿐이었다.

일본군 소장파 장교들이 유혈 쿠데타를 시도했던 1932년의 5·15 사건과 1936년의 2·26 사건 재판에서도 상관의 명령에 복종했을 뿐인 하급 장교들에 대해서는 비교적 관대한 판결이 내려졌음을 나는 재판부에 상기시켰다.

그러나 박선호를 위시해 궁정동 안가 현장에 동석해 있던 박흥주와 유성옥 모두 사형이 선고되었다. 이들은 전후좌우의 상세한 사정도 알지 못한 채 역사의 소용돌이에 휘말렸지만, 유신을 끝내야 한다는 데 최후의 순간에 의기투합했다. 그리고 역사의 뒤편으로 전원 장렬하게 사라졌다.

김재규는 인복이 있었다. 사건에 가담한 부하들 모두가 법정에서 당당하게 김재규를 편들었다. "또 하라면 또 한다"는, "후회는 없다"는 분위기였다. 김태원이 나를 만나고 싶다고 해서 갔더니 그가 와전옥쇄瓦全玉碎라는 글을 써 보였다. 기와로 온전히 남기보다 구슬이 되어 깨지겠다는 굳건한 결의의 표시였다. 그는 "이런 각오로 여기 있다"고 담담히 소회를 말했다.

생전의 박선호가 슬퍼한 일은 사형을 당해 목숨을 잃을지 모

영원히 정의의 편에

르는 자신의 불운한 처지가 아니었다. 그는 김재규가 왜 자신과 충분히 상의하지 않았는지 모르겠다면서 "그랬어야 뒷마무리했을 텐데…"라며 안타까워했다. 김재규가 육본으로 향할 때 뒷마무리 지시를 확실히 해놨으면 이후에 전개된 사태의 방향이 크게 바뀌었을 것이라는 아쉬움의 토로였다. 육군본부로 출발한 김재규로부터는 그 뒤에 아무런 소식이 없었기 때문이다.

김계원 청와대 비서실장은 피살된 박정희의 시신을 삼청동에 있는 국군 서울지구병원으로 옮겼었다. 상황을 복기하자면 김재규가 그걸 막았어야만 했다. 박선호는 김재규와 이미 논의가 된 줄 알고서 김계원의 행동을 제지하지 않았었다.

비교 불가, 김재규와 전두환

10·26 직후 지식인과 언론인들 사이에서 김재규를 보는 시각은 긍정적 관점이 대세를 이뤘다. 종교계와 정치권에는 김수환 추기경을 필두로 김재규 구명 운동에 나선 인사들이 많았다. 성직자로서 살인 행위를 드러내놓고 두둔할 수는 없었겠지만, 김 추기경은 김재규가 의로운 행동을 했다는 취지의 발언을 넌지시 하곤 했다.

신군부의 폭압 통치가 시작되면서 분위기가 급변했다. 김재규의 가족들은 그가 박정희도 살리고 나라도 살렸다고 주장한다. 박정희가 돌연한 '죽음'을 통해 영웅으로 거듭나 범국민적 추모와 애도를 받았다는 것이다. 김재규의 가족들은 의연하게 잘 버

영원히 정의의 편에

티며 살아오고 있다.

민주화 운동 진영의 일원으로 박정희와의 악연이 깊었던 나는 유신독재 체제가 무너졌다는 점에서 김재규에게 긍정적 평가를 해왔다. 박정희는 5·16 군사 쿠데타 직후만 해도 스스로 주장했던 혁명 정신이 아직은 남아 있었다.

그때 박정희에게는 가난과 혼돈에 허덕이는 나라를 구하기 위한 애국심과 열정이 충만했을 것으로 생각된다. 그러나 김재규에게 저격당할 무렵의 박정희는 예전의 그 날카롭던 총기가 이미 흐릿해진 상태였다. 순수한 애국심만으로 뭉쳐 있지도 않았다. 여자 문제마저 복잡했다. 나는 그즈음 박정희가 갑작스러운 최후를 맞지 않을까 하는 생각을 막연하게나마 하고 있었다.

국내 원자력 산업의 개척자인 서울대학교 J 교수와 모 유력 정당의 공천심사 작업에 외부 인사 자격으로 관여했던 A 검사는 나보다 나이는 적지만 오래전부터 서로 술친구 관계로 막역하게 지내온 인물들이었다.

10·26이 일어나기 약 한 달 전쯤 일이다. 나는 J 교수와 함께 술을 마시다 그의 집으로 향했다. J 교수 집에는 아무도 없었기 때문에 우리 일행은 방향을 돌려 근처에 있는 A 검사의 집으로 쳐들어갔다. 때는 오후 4시쯤으로 A 검사가 아직 퇴근하기 전이었다. A 검사의 아내는 불청객인 우리를 위해 술상을 내왔고, 저녁이 되자 A 검사가 귀가해 술자리의 참석자는 세 명으로 늘어

상고이유서 작성을 위한 자필 메모

영원히 정의의 편에

났다.

나와 J 교수는 박정희의 최후가 머지않았음을 이구동성으로 예언했다. 박정희 정권과 민심이 대결하고 있었는데, 집권세력은 국민의 희생과 피해에는 갈수록 무감각해지는 듯했다. 애꿎은 국민의 더 큰 희생을 막으려면 정권에 종지부가 찍히는 게 불가피했고, 그것도 빨리 찍히면 찍힐수록 더 나았다. 10·26이 터지자, A 검사는 우리에게 어떻게 그렇게 정확히 예측할 수 있었냐고 신기한 듯 물었다.

전두환은 김재규에 비교할 인물이 되지 못한다. 김재규는 무혈혁명이 불가능하다면 최소한의 희생으로 혁명을 수행하겠다는 의지 아래 홀로 목숨을 걸었다. 반면에 전두환은 사심을 갖고서 패거리와 작당해 수많은 사람을 죽이고 권력을 찬탈했다. 심지어 1982년 2월 5일에는 전두환을 경호하기 위해 동원된 특전사 요원들이 탄 공군 수송기가 제주도 한라산 기슭에서 추락하는 바람에 탑승객 53명 전원이 목숨을 잃는 비극적 참사가 발생했다.

김재규 재판이 진행되면서 전두환의 신군부가 퍼뜨린 음해들 가운데 하나는 "김재규가 그렇게 구국의 결심으로 박정희를 죽였으면 그 직후 자결했어야 하는 것 아니냐?"라는 억지 주장이었다. 김재규에게 정권을 잡을 욕심이 있었던 것 아니냐는 모략성 의도가 다분히 깔린 악의적 험담이었다. 이 얘기를 전해 들은 김재규는 "혁명을 결행한 마당에 쓰레기들이 더 남아 있어서 그걸 다 치우고 총을 주면 자결하겠다"라며 분노 섞인 결기를 토해 냈다.

나는 5공 청문회 때 장세동에게 김재규와 전두환 중 누가 더 애국자라고 생각하냐고 물었다. 장세동은 전두환은 대통령을 했지만, 김재규는 대통령을 죽인 사람이라는 식으로 대답했다.

나는 전두환이 얼마나 많은 이들의 생명을 빼앗아 갔는지를 좌중에 환기한 다음, 전두환이야말로 자결해야 마땅할 사람이라고 장세동에게 반박했다. 전두환은 무지막지한 폭력적 수단을 무차별하게 동원해 권좌를 차지했을뿐더러 순수한 인물의 크기만 보더라도 김재규에 감히 범접할 수 없는 사람이었다.

전두환은 김재규가 쏜 총탄의 화약 연기가 여전히 자욱하게 깔린 속에서 집권했다. 김재규는 최후진술에서 박정희 사후의 한국 사회가 빨리 민주주의를 회복하지 못하고 시간을 끌면 걷잡을 수 없는 사태가 일어날 것이라고 경고했다. 그는 민주주의 회복에 문제를 일으킬 수 있는 요소들을 미리 해소해야 한다고 역설하며 최규하 대통령에게 아직 남아 있는 혁명 과업들의 완수를 당부했다.

김재규의 걱정 가득한 예언대로 걷잡을 수 없는 사태가 벌어져 우리 사회는 신군부가 주도하는 암흑기로 되돌아갔다. 신군부의 보안사는 김재규를 체포한 뒤, 조직적인 여론조작과 언론

재 심 청 구 서

본 적 : 경북 선산군 선산읍 이문리 78

주 거 : 서울 성북구 보문동 7 가 134 의 10

육군교도소 수감중 김 재 규

1926 . 3 . 6 일생

위 사람은 1980 . 1 . 28 . 육군계엄고등군법회의에서 79 고군형항 제 550호 내란목적살인등 피고사건으로 사형선고를 받고 상고하여 1980. 5. 20. 대법원 80 도 306호 내란목적살인등 피고사건에서 상고 기각의 판결을 선고받아 그날 그판결은 확정되었으나 다음과 같은 이유로 재심의 청구를 하나이다.

재 심 이 유

위 사람에 대한 위 확정판결은 군법회의법 제 1 항 제 1 호 및 제 2 호와 제 6 호가 정한 재심이유가 있으므로 위 사람의 이익을 위하여 재심청구를 하나이다.

1980 . 5 . .

위 청구인의 변호인

변호사 강 재 형

김재규 재심청구서

플레이를 통해 그를 몹쓸 사람의 이미지로 치밀하게 분칠해 갔다. 차지철 경호실장에 대한 질투심으로 눈이 멀었다느니, 숨겨놓은 내연녀가 있다느니, 천문학적 액수의 부정 축재를 자행했다느니 따위의 가짜 뉴스를 유포시켜 김재규에 대한 마녀사냥과 여론재판을 부추겼다.

김재규에 대한 사형판결은 1980년 5월 24일 집행되었다. 이후 그에 대한 부정적 자료는 추가로 나오지 않았다. 그의 내연녀로 알려진 여인이 자신과 김재규 사이에 낳은 아들이 있다고 주장해 유전자 검사까지 실시했는데 김재규의 친자가 아닌 것으로 판명이 났다. 부정 축재로 고발된 내용도 실제로는 별것이 없었다.

김재규를 둘러싼 오해와 억측은 군사정권이 퇴장한 지 한참 뒤에도 돌출했다. 참여정부 시절이던 2005년 5월 26일, '국가정보원 과거사건 진실규명을 통한 발전위원회'는 김형욱 전 중앙정보부장 실종 사건의 중간조사 결과를 발표했다. 해당 위원회는 중앙정보부가 1979년 10월 7일 프랑스 파리에서 김형욱을 청부 살해했다며 김재규 중앙정보부장을 사건의 배후로 지목했다.

이 조사 결과는 여러 가지 측면에서 앞뒤가 맞지 않았다. 나 또한 김재규를 면회할 때 그 부분을 많이 물어봤는데 김재규의 대답은 한결같이 "아니다"였다. 김재규를 고문까지 해가며 조사해 그를 파렴치범으로 몰아간 신군부 역시 김형욱 사건에 대해서는 별다른 언급이 없었다.

유신을 반대했던 김재규가 자신처럼 유신을 반대했던 김형욱 제거를 주도했다는 주장은 한마디로 난센스였다. 구체적 동기도 제시하지 못하고, 뚜렷한 증거도 발견되지 않은 상황에서 증언에만 의지해 조사가 진행된 측면이 있었다. 조사는 더 이상 확실한 진전을 보이지 못한 채 사실상 미완으로 끝났다.

발전위는 같은 해 12월에는 민청학련 사건과 인혁당 재건위 사건의 조작 사실을 밝혔다. 동일한 기관이 내가 변호사로 관여했던 두 사건의 당사자들을 재조사해 양극단을 오가는 결과를 내놨다. 나는 위원회의 선의와 진정성을 의심하지 않았지만 조사 결과마저 무조건 인정할 수는 없었다.

10·26 사건을 둘러싸고 미국 중앙정보국 CIA의 개입설과 김재규 생존설까지 나돌았다. 생존설은 김재규의 가족들이 그의 시신을 확인했으므로 말도 안 되는 문자 그대로의 낭설일 뿐이었다.

나는 면회를 통해 얻은 자료를 토대로 월간 신동아 기자에게 김재규의 삶을 취재할 것을 권유했고, 그 결과 신동아에 일부 내용이 보도되었다. 이를 통해 김재규를 재평가할 수 있는 일화들이 잇달아 발굴되었다.

K는 김재규의 안동 농림학교 동창생이었다. 박정희가 김재규를 나주 비료 공장 사장으로 발령 내자, 김재규는 K에게 "내가 사업에 대해 아는 게 뭐가 있느냐"며 함께 나주로 내려가 공장

김 재 규 유 언

일 시 : 1980. 5.23, 09:00 (30분간)
장 소 : 육군 교도소(남한산성)

. 오늘이 몇일 날이지요?

. 중대장 : 오늘이 5월 23일입니다.

. 오늘이 5월 23일, 오늘 아침이군요.
  내가 생각하기는 내가 이 세상에서 마지막 남길 말을 남기고 갈수있는 최후의
  날이 아닌가 이렇게 나는 감축율 하고 그렇게 생각하면서 내 소해에 있다는
  이야기를 하고자 합니다.

. 나는 금번 1심, 2심, 3심, 보통 군법회의, 고등 군법회의, 대법원 재판까지
  3심까지를 거칠 예정이었는데 난 또 한 차례의 재판이 있다 그렇게 생각을
  하고 있어요. 그건 뭐냐 제 4심인데, 제 4심은 이것은 바로 하늘이 심판하는
  것이다. 이것은 변호사도 필요없고 판사도 필요없고 이것은 하늘이 정확한
  그야말로 사람이 하는 재판은 오판이 있을수 있지만 하늘이 하는 재판은 절대
  오판이 있을수 없습니다. 그러한 재판이 나에게 남아있을 따름입니다.

. 그런데 나는 여기서 명확하게 이야기할수 있는것은 하늘의 심판인 제 4심에서
  는 이미 난 이겼다. 다시 말해서 내가 목격했던바 민주혁명은 완전히 성공을
  했다. 그렇게해서 자유 민주주의가 이 나라에 회복이 되고 그것이 보장되었다
  는 사실은 나는 이것은 누구도 의심할수 없을뿐 아니라 서로들 이렇게 확신을
  하고 있습니다.

. 그런데 나는 이렇게 생각을 합니다. 이미 자유 민주주의의 물결은 새차게 흐르
  기 시작해서 이 나라에 자유와 민주주의가 회복되고 있다고 하는 사실은 천하
  공지의 사실입니다. 그런데 일부 이것을 가로막는 세력이 있어서 여기 순조
  롭게 민주회복이 되나가지 못하고 장해를 받고 있습니다.
  그러나 이것은 시간문제가 되지 천하의 대세는 사람으로서 막을수 있는것이
  아닙니다. 나는 여기서 이런 비유를 하나 들어서 이야기를 해보고 싶습니다.

. 예수 그리스도께서 십자가에 못박히지 않았던들 오늘날 예수 그리스도가 있었
  겠느냐? 이렇게 생각하듯이 오늘날 우리나라의 민주회복에 있어가지고서도
  나의 회생 없이 이 나라의 민주회복이라고 하는것은 『확실히 보장되었다』
  이렇게 이야기하기 좀 힘듭니다. 그것은 왜냐하면 자유 민주주의의 고마움을
  애절하게 느끼는 부류의 국민들도 있고 또 그것을 그렇게 심각하게 느끼지 않고
  필요하지만 그렇게 심각하게 느끼지 않는 이런 부류도 없지않다. 이렇게 생각이
  드는 것입니다.

. 그렇기 때문에 나의 죽음, 즉 나의 회생이라고 하는것은 무엇을 의미하느냐
  하면은 우리나라 모든 국민이 동시에 자유 민주주의가 절대 필요하고 자유
  민주주의는 절대 회복돼야 하겠구나 하는 것을 전체 국민이 아주 확실히 깨닫게
  되고 또 그것을 아주 확실히 자기 몸에다가, 목에, 자기 가슴에다가 못박고
  생각할수 있는 이런 계기가 될것입니다. 그렇기 때문에 나는 나의 요번에 희생
  이라고 하는것은 민주주의의 아름다운 꽃과 열매를 맺기위한 민주주의라고 하는
  나무의 거름이다. 이렇게 생각합니다.

김재규 유언

영원히 정의의 편에

경영을 도와 달라고 부탁했다. 이 무렵 K는 모 고등학교의 생물 교사로 교편을 잡고 있었다.

K는 대학교 재학 시절부터 두각을 나타낸 인재였던 까닭에 김상만 동아일보 사장이 교사로 영입한 터였다. 마침 외국으로의 유학을 준비하는 중이었던 K는 김상만 사장에 대한 의리 때문에 이리저리 고민하다 결국은 김재규의 권유를 받아들였다. K는 평일 오후 5시까지는 비서실장으로서 김재규를 보필했고, 정규 근무 시간이 끝나면 친구처럼 지냈다.

K는 10·26 사건이 발생하던 시점까지 김재규와 친분을 유지하는 바람에 수사기관에 잡혀 들어가 곤욕을 치러야 했다. 그럼에도 K는 김재규의 삶을 상세하게 소개했고, 나는 그 덕분에 김재규에 관해 그동안 알려지지 않았던 사실을 꼼꼼히 기록해 후일 그 내용을 언론에 공개할 수 있었다. 김재규는 한시를 짓는 데도 능통했으며, 붓글씨 쓰는 일에도 조예가 있었다.

4장

인권변호사의 길

통혁당 사건의 서막

나는 통일혁명당, 세칭 통혁당 사건을 계기로 인권변호사의
길에 발을 들여놓게 되었다.

내가 미국에서 유학을 마치고 돌아온 지 1년쯤 지난 1968년
의 일이었다. 신학상이라는 이름의 어르신이 서울 서소문 근처에
자리한 내 사무실을 찾아 밀양에서 올라왔다. 한눈에 봐도 선비
였던 그는 밀양 출신으로 초·중·고등학교 교장과 교육감을 역임
했다. 신학상은 사명당과 김종직에 대한 전기를 집필했으며, 국회
의원 선거에 출마한 경력도 있었다.

그가 멀리 서울까지 나를 찾아온 이유는 구속된 아들의 사건
을 의뢰하려는 데 있었다. 그 아들이 바로 신영복이었다.

신영복은 감옥에 있을 때 "나는 벽에 기대어 앉을 때마다 결코 벽에 기대어 앉으신 적이 없는 아버님을 생각한다"라고 자신을 다잡았다. 당시 이미 60세가 넘은 나이었던 신학상은 신영복이 통혁당 사건에 연루돼 투옥되자, 아들의 구명을 위해 나를 찾아왔다. 신학상은 그 후 장장 20년 20일에 달하는 신영복의 옥살이를 뒷바라지하게 되었다.

신영복은 부산상고를 졸업하고 서울대 경제학과와 경제학과 대학원을 차례로 나왔다. 그는 머리가 비상한 데다 용모도 수려한 인재였다. 나중에 서울대학교 총장을 역임한 최문환 서울대 상대 교수가 육군사관학교에서 생도들에게 경제학을 가르칠 사람을 소개해 달라는 군 당국의 의뢰를 받고 졸업생 신영복을 추천할 정도였다.

통일혁명당 사건은 1968년 중앙정보부가 수사 결과를 발표한 대규모 간첩단 사건이었다. 통혁당과 관련된 북한 자금이 잡지 '청맥'과 술집인 '학사 주점'으로 흘러 들어간 것으로 조사됐다.

나는 중앙정보부가 수사한 간첩단 사건을 변론하게 됐다고 해서 긴장하지는 않았다. 따라서 당연히 겁도 나지 않았다. 오히려 정의감 같은 감정이 내면에서 솟구쳤다. 그동안 배워온 이론들을 현장에서 실천하고 검증할 수 있는 마당이 펼쳐졌다는 직업적 흥분감이 내 마음을 가볍게 사로잡았을 따름이다.

통혁당 수사에서도 과장되거나 고문으로 의해 조작된 부분

영원히 정의의 편에

은 있었다. 그렇다고 무에서 유가 만들어진 완전한 날조 사건만은 아니었다. 이후에 발생한 민청학련 사건이나 인민혁명당 사건과는 다르게 통혁당은 실체가 있었다. 그렇지만 신영복이 간첩은 아니었다. 그는 분단의 불행한 희생자였을 뿐이었다.

통일혁명당 사건에는 북한의 지령을 받은 남파 간첩과 순수한 마음으로 반독재 학생운동을 하려던 선의의 관계자들이 혼란스럽게 뒤섞여 있었다. 북한으로부터 공작금과 지령을 받은 남파 간첩 김종태와 내 고등학교 1년 선배인 이문규, 김종태의 조카 김질락, 한명숙 전 국무총리의 남편 박성준, 이수성 전 국무총리의 친동생 이수인 등이 이 사건으로 구속되었다.

최고 책임자 김종태, 월북해 조선노동당에 입당한 것으로 밝혀진 이문규, 그리고 김질락 세 명이 통혁당의 지도부를 구성했다. 현역 육군 중위로 임관한 지 1년도 안 된 신영복은 체포돼 군법회의에 회부된 상태였다. 이수인은 현역 공군 장교였고, 이문규는 공군 정훈 장교 출신이었다.

내 고등학교 동기인 송준철은 포항에서 해군 군의관으로 근무했는데 도피 중이던 고교 선배 이문규가 찾아오자, 그를 숨겨주는 바람에 잡혀갔다. 통혁당 사건은 전·현직 육해공군 3군 장교들이 구속된 중대한 시국 사건으로 비화했고, 그 여파로 인해 사회 분위기까지 살벌해졌다.

이수인은 박성준과 비슷한 사례였다. 15년형을 선고받은 박성준과는 다르게 이수인은 친형인 이수성이 열심히 뛰어다닌 덕분에 기소유예 처분을 받았다. 신영복은 학생운동 부문을 맡고 있었는데 그의 윗선이 김종태에게 포섭된 김질락이었다. 신영복은 면회조차 쉽지 않았다. 어디에 갇혀 있는지 행방부터가 묘연했다. 나는 신영복을 면회하고 싶으면 상부의 허락을 받고 오라는 얘기를 듣고 준장 계급인 육군 법무감 K를 찾아갔다.

K : 면회는 안 됩니다.
나 : 왜 안 됩니까?
K : (부관을 향해) 야, (강신옥이) 군대 제대로 갔다 왔는지 조사해 봐.

그는 내가 병역을 회피라도 했으면 당장 잡아넣을 듯한 기세였다. 나는 사병으로 입대해 군에서 복무하던 중에 사법고시 합격 소식을 들었다. 다른 편한 보직을 찾는 대신에 사병으로 깔끔하게 만기 제대하는 길을 선택했다. K는 번지수를 잘못 짚어도 한참 잘못 짚은 격이었다.

황당한 노릇이었으나 일견 이해는 가는 일이었다. 김형욱 중앙정보부장이 면회를 불허했을 가능성이 큰 연유에서였다. 나는 얼마 후, 신영복이 수도경비사령부 헌병대에 수감돼 있다는 사실을 알게 됐다. 나는 지성환 헌병대 대령을 통해 신영복과 비공식적 면회를 하게 됐다.

영원히 정의의 편에

신영복을 살려내다

　사건을 찬찬히 검토해 보니 신영복이 김질락의 지시에 따라 통일혁명당에 입당한 다음, 서울대학교 상대를 중심으로 학생들을 포섭하려 했다는 게 중앙정보부의 수사 내용이었다.

　신영복의 얘기는 달랐다. 자신은 김질락과 김종태와 이문규 등이 간첩인 줄 몰랐으며, 공산주의에 대해서는 애초부터 관심이 없었다는 게 그의 설명이었다. 신영복은 존경하는 선배였던 김질락이 반독재 애국 활동을 하는 줄만 알았다는 것이다. 나는 신영복 주장의 진실성을 입증하기 위해 김질락을 증인 신청한 다음, 그에게 따지다시피 캐물었다.

강신옥 : 10살이나 어린 순진한 후배를 활용하려면 북한 갔다 온 배경이나 간첩임을 다 털어놓고 설명해야 하지 않습니까? 나라를 걱정해서 학생 운동하려는 학교 후배에게 신분을 속이고 도덕적으로 기만한 것 아닙니까?

김질락 : 원래 사회주의 운동을 위해 사람을 포섭하려면 자유와 민주주의, 반독재 이런 것들을 이야기하고 그게 설득이 되면 다음에 사회주의, 그다음에 공산주의로 넘어갑니다.

강신옥 : 신영복은 어디까지 넘어갔습니까?

김질락 : 사회주의까지는 간 것 같은데 공산주의는 모르겠습니다.

신영복은 1심과 2심에서 사형을 선고받았으나 결국 무기징역으로 감형돼 구사일생으로 살아났다. 당시는 대법원이 상고를 받지 않아도 딱히 뭐라고 하기 어려운 분위기였으나 다행히 상고를 받아 줬다. 조봉암을 처형한 이승만 정권과 혹독한 유신독재 사이에서 사법 시스템이 어렵사리 잠시나마 기능하던 시기였다.

신영복은 20년이 넘는 수감 생활을 헛되이 보내지 않았다. 그는 교도소 안에서 붓글씨를 배우고 한문을 익히는 등 공부를 게

영원히 정의의 편에

울리하지 않으며 감옥에서의 경험을 최대한 숙성시켜 나갔다. 감옥에서 출소한 신영복은 학자이자 저술가로서 다양한 활동을 펼쳤다. 어느 대형 주류회사가 출시한 유명 소주 상표에 새겨진 글자는 신영복이 창안한 글씨체이다.

분단이 빚어낸 공작과 배신의 비극

리더인 김종태와 주동자로 분류된 김질락과 이문규는 형장의 이슬로 사라졌다. 성격이 강렬하고 가치관이 선명했던 김종태는 옥중에서 탈옥까지 시도했다. 그는 사후에 북한에서 영웅 대접을 받았다. 북한은 '평양 전기 기관차 공장'과 '해주 사범대학'을 각각 '김종태 전기 기관차 공장'과 '김종태 대학'으로 개명하고, 평양 시내에는 김종태 거리를 조성했다고 한다.

이문규와 김질락의 사정은 달랐다. 수사 당국은 두 사람에게 수사에 협조하면 살려주겠다고 약속하고선 약속을 지키지 않았다.

영원히 정의의 편에

두 사람은 중앙정보부의 설득과 회유에 넘어가 북한에 구조 요청 신호를 발신했고, 북한은 이들을 구하고자 제주도로 공작선을 파견했다. 박정희 정부는 교전 끝에 공작선에 탑승한 선원들을 생포하고 무기를 노획하는 전과를 올렸다. 더욱이 선박까지 나포했다. 북한은 구조선을 보낼 만큼 이번 사건을 중요시했다. 통혁당에 대한 북측의 기대감이 그만큼 컸다는 뜻이다.

앞서 서술한 바대로 이문규와 김질락은 남한 정부의 처음 약속과 달리 목숨을 구제받지 못했다. 이문규가 남한에서 사형을 당한 후 북한에서 영웅 칭호가 수여됐다고는 하나 배신과 또 다른 배신으로 점철된 이들의 애달프고 비극적인 운명까지 바꿔놓지는 못했다.

이문규는 고교 후배인 나에게 "죽기 전에 한번 보자"라는 연락을 해왔다. 그는 "꿈자리가 좋지 않다"고 말하며 "정보부가 사형 선고 이후 살려주겠다고 했는데 예감이 이상하다"라면서 상황을 알아봐 달라고 부탁했다. 나는 담당 검사인 P를 찾아가 문답을 주고받았는데 돌아오는 답변 내용이 꺼림칙했다.

나 : 북한에 무전을 치면 살려주겠다고 약속하지 않았습니까? 김질락과 이문규가 작전 진행을 지원하기 위해 제주도까지 갔습니다. 북한 배가 오는 걸 보고 우리 군 장성이 "너희들 살았다"라고까지 해놓고서 이게 뭡니까?

P : 대한민국을 백 번 이상 배신한 놈들이에요. 정부가 한 번 약속을 어겼다고 무슨….

중대한 안보 사안이기는 했으나 약속을 지킬 가치가 있는 사람과 없는 사람을 권력이 자의적으로 정한다는 게 옳은 것인지는 자꾸 마음에 걸렸다. 그것도 사람의 생사가 걸린 약속이었는데, 죽이는 것 외에 다른 방안은 과연 없었을까.

정작 당사자인 김질락과 이문규는 정부가 약속을 어긴 탓에 머잖아 불귀의 객이 되게 생겼는데도 마냥 태연하기만 했다. 특히 김질락은 옥중 수기인 '주암산'까지 집필했는데 이 책자는 그의 유작이 되고 말았다. 주암산은 김질락이 평양에 머물 때 사용했던 숙소 뒤에 자리한 작은 산이다.

이문규의 아내는 명문 여고를 다닌 후, 한 유명 여대를 나왔는데, 남편 때문에 간첩방조 혐의로 체포됐다. 구속된 그는 "남편을 믿고 결혼했는데 이게 뭐냐?"라고 절규해 주변 사람들을 안타깝게 했다.

이문규는 잘생긴 미남에다 두뇌가 우수한 지성인이었다. 그는 대한민국 임시정부 주석인 백범 김구 선생을 매우 흠모했다. 나는 이문규의 자녀들이 김옥길 이화여대 총장의 도움과 배려로 나중에 이대 부속 유치원에 다녔다는 이야기를 전해 들었다. 후에 이문규의 유자녀는 반공 강연에도 나섰다고 한다.

이문규는 딱한 젊은 아내와 불쌍한 어린 자식들을 고생시켰다. 그는 박정희 정권의 독재에 반대하는 데서 멈춰야 했다. 통일운동을 벌인 것까지도 괜찮았다. 그러나 북한에 들어간 것은 되돌릴 수 없는 성급하고 치명적인 잘못된 결정이 되고 말았다.

전두환 변호인의 염량세태

    신영복 면회 불가를 외치던 육군 법무감 K는 예편한 후에 변호사 사무실을 개업했다. 그러자 태도가 돌변해 의뢰인 면회가 안 된다고 불평하고 다녔다.

    그 장면을 떠올리면 잔상이 겹치는 인물이 있다. L 변호사다. 내가 민청학련 사건으로 구속될 때 누가 나를 잡아넣으라고 직접 지시했는지는 확실하지 않다. 그렇지만 실무자는 뚜렷했다. 국방부 법무 관리관인 L 준장, 곧 나중의 L 변호사였다.

    L은 민청학련 사건을 중앙정보부와 함께 배후에서 조종하고 있었다. 그래서 내 아내가 나를 구하겠다며 나 모르게 L의 배우자를 찾아가 선처를 호소했다가 거절당하는 서글픈 촌극까지 빚

영원히 정의의 편에

어졌다.

그와의 악연은 20년 후까지 이어졌다. 1995년, 나는 김영삼 대통령의 '역사 바로 세우기'에 따라 추진된 '5·18 민주화운동 등에 관한 특별법' 제정에 밀접하게 관여했다. 특별법은 12·12 군사 쿠데타와 5·18 광주 민주화 운동 등과 관련해 공소시효 정지 등을 규정하고 있었다. 그러자 처벌 대상자인 전두환의 변호인으로 활동하던 L은 헌법소원을 제기했다.

L은 전두환에 대한 재판이 일주일에 한 번씩 열리자, 지나치게 심리 속도가 빠르다며 투덜댔다. 나는 민청학련 사건과 김재규 공판 때는 왜 거의 매일 같이 재판을 과속으로 진행했는지 L에게 되묻지 않을 수 없었다. L 변호사는 입이 열 개라도 할 말이 없을 옹색한 처지였다.

나는 1988년 제13대 국회의원에 당선됐을 때도 L과 맞닥뜨린 터였다. L은 대통령 퇴임을 앞둔 전두환의 배려로 국회 사무총장 서리로 있었다. 서리 딱지를 떼려면 국회의 도움이 필요했다. 그는 나를 점심 식사에 초대해 과거에 맡았던 악역에 대해 사과하고 도움을 요청했다. 그러나 그는 국회 사무처 직원들의 반발로 정식 사무총장이 되지 못한 채 자리를 물러나야 했다.

K 법무관과 L 변호사는 시간이 흐르며 처지가 바뀌자 태도도 바뀌는 염량세태를 인상적으로 구현한 인물들이었다.

시국 사건 변호사로 동분서주하다

통혁당 사건을 계기로 인권변호사로 이름이 알려지며 나는 시국 사건 변론을 연달아 맡게 됐다. 시국 사건은 고문과 조작이 거의 동전의 양면처럼 한 묶음으로 따랐고, 당연히 인권 문제로까지 커졌다. 그런 인연으로 나는 자연스럽게 인권변호사의 길을 걷게 됐다.

도쿄대東京大 박사 출신 인물로 방북 혐의로 구속된 김영작金榮作 국민대 교수 사건, 역시 도쿄대 박사 출신으로 방북했다는 오해를 받았던 최상룡(崔相龍·전 주일대사) 교수 사건, 마오쩌둥毛澤東 어록 필사와 관련된 서울대 문리대 정치학과의 손학규孫鶴圭 사건 등의 변론을 나는 계속 맡게 됐다.

내가 손학규를 변호하고 있을 무렵 미국에서 발생한 워터게이트 사건으로 전 세계가 들끓고 있었다. 그때 유명 시사주간지 타임에 변호사 출신의 백악관 보좌관의 고백이 게재됐다. 무슨 사건만 일어나면 국가 안보를 핑계로 덮으려고 하는데 그것은 핑계일 뿐이며, 자세히 보면 집권세력의 행동이 잘못됐으므로 나쁜 짓을 하면 안 된다고 서술한 내용이었다. 지금까지도 또렷하게 기억이 나는 진실하고 통렬한 메시지였다. 타임에 글을 기고한 보좌관은 나중에 유죄판결을 받고 구속됐다.

우리나라는 안보를 구실로 수많은 무고한 학생과 애국 시민들을 처벌해 왔다. 국가 안보를 귀에 걸면 귀걸이, 코에 걸면 코걸이 식으로 남용되었던 통한의 시기였다. 나는 손학규 사건에서 결국 무죄 판결을 받아냈다.

최상룡 교수 사건은 1974년 당시에 서울대 법대 교수로 재직하고 있었던 내 친구 이수성 전 국무총리(당시 서울대 법대 교수)가 최 교수 가족의 하소연을 듣고서 내게 사건 수임을 부탁했다. 최상룡의 친척들 가운데 조총련 계열의 재일교포가 있었다. 그가 최상룡에게 돈을 줬는데 중앙정보부에서 이를 문제 삼았다. 최상룡이 북한에 동조하는 사람으로부터 돈을 받았으니, 북한에 당연히 갔다 왔을 것이라고 지레짐작한 것이다. 이로 말미암아 최상룡은 국가보안법과 반공법을 위반한 혐의로 구속기소가 되었다. 최상룡 입장에서는 친척으로부터 단순한 학자금 성격의 지원을 받았다가 날벼락을 맞은 셈이었다.

중앙정보부는 최 교수의 집 구들장까지 뒤집으며 집안을 샅샅이 뒤졌다. 최상룡은 모질고 혹독한 고문을 받았다. 그는 고문을 견디느라 엄청난 고통을 겪어야만 했다. 한 중앙정보부 직원이 "독한 놈, 불지도 않는다"라고 혀를 내둘렀을 정도였다. 최상룡은 1심에서 7년 징역을 선고받았다. 최상룡의 변호는 원래 오제도 변호사가 맡았는데 내로라하는 반공검사 오제도의 이력을 생각하면 실로 아이러니가 아닐 수가 없었다.

오제도의 변호가 만족스럽지 않았던지 항소심인 2심부터는 내가 변호를 책임지게 됐다. 나는 민청학련 사건도 아울러 맡고 있던 터라, 하루는 피의자 중 한 명을 면회했을 때 "나도 곧 들어올 것 같다"라고 말했는데, 최상룡은 내가 구속되기 전에 2심에서 집행유예로 풀려났다. 그가 누명을 벗었으니, 변호가 성공적이었다고 평가할 수 있었다. 그 후에 최상룡은 민관식의 도움으로 중앙대와 고려대에서 차례로 교수직을 역임했다.

더 큰 정의를 찾아서
정치의 세계로

YS의 간곡한 삼고초려

"정치를 할까 하면, '그런 더러운 곳에 왜 가느냐… 백로가 까마귀 싸우는 곳에 왜 가느냐… 너도 까마귀 된다.' 이런 식으로 주위의 친구들이 저의 성격에 맞지 않는다고도 했지만, 아무도 안 한다면 누가 하느냐… 이러면서 하게 됐습니다. 하지만 막상 시작해 보니, 국가를 생각하는 사람, 다음 대통령을 생각하는 사람, 당선되자마자 다음을 생각하는 사람들이 많더군요. 제가 가 본 느낌은요, 세상의 정치꾼들이 모인 것이 아니냐… 이러면서 그런 행태에 어울리지 못하면 외톨이가 돼요. 말하자면 저 혼자밖에 없어요. 그래서 바른 소리를 하게 되면, 결국은 김영삼씨 같은 경우도 처음에 좋아하다가… 공천을 주지 않고 결국은 무소속도 출마해 봤다고요. 안

되더라고요.(웃음)"

〈2005년 12월 9일 프레시안 인터뷰〉

나는 신군부가 10·26 이후에 정권을 장악하는 일련의 과정
을 지켜보면서 왜 이렇게 불의한 질곡의 역사가 되풀이되는지 고
민했다.

전두환은 박정희가 사망할 즈음에는 보안사령부 사령관으로
있었다. 중앙정보부장보다 위상이 낮았다. 그는 코드 원, 즉 박
정희가 국군 서울지구병원으로 후송됐다는 사실을 알게 되면서
10·26 사건의 전모를 가장 먼저 파악해 정국의 주도권을 잡아가
기 시작했다. 전두환은 쓰레기를 처리한다든지, 부정축재를 환
수한다든지 하는 김재규의 진술 내용에서 아이디어를 도용했다.
부패한 정치 현실에 혐오감을 느끼는 국민이 그때나 지금이나
어디 한두 명이겠는가?

전두환의 5공화국 체제에서는 박정희의 유신 정권과는 달리
대통령 긴급조치 같은 노골적 강권 통치는 동원되지 않았다. 그
러기 때문에 박정희 때와 비교해 법률가들을 상대적으로 거칠고
험하게 다루지는 않았다. 검찰도 유신 시절과 견주어 조직이 정
비돼 있었다. 나는 1988년까지 고려대학생 사건, 건국대 점거 농
성 사태 등의 변론에 잇따라 참여하며 한동안 먼발치에서만 바
라봤던 인권 변호와 시국 사건에 다시금 뛰어들었다.

영원히 정의의 편에

1988년 3월 4일에는 민청학련 변론으로 내가 구속되었던 사건에 대해 서울고등법원에서 무죄가 확정 선고됐다. 이 판결에는 변호사 변호권의 법적 보장이라는 의미가 따라붙기는 했지만, 이러한 유형의 해석은 조금은 새삼스럽고 겸연쩍은 얘기였다. 그 당연한 판결이 내려지는 데 그렇게 오랜 시간이 걸렸다는 건 우리 사회가 그동안 그만큼 후진적이고 미숙했다는 방증밖에 안 됐기 때문이다.

　　무죄 판결을 받으며 나는 슈퍼스타가 됐다. 언론과의 각종 인터뷰는 물론이고 주례 요청까지 쇄도하며 나는 엄청난 조명을 받았다. 어떤 형태로든 정치권의 구애가 있을 것이란 예감이 들었다. 정치권으로부터 예상되는 귀찮고 달갑잖은 러브콜을 피하려고 무죄 판결이 난 다음 날, 나는 친구 김창국 교수와 박양식 교수 등과 함께 대구 팔공산으로 2박 3일간의 도피 여행을 떠났다.

　　나는 치솟는 인기에도 불구하고 일부러 정치를 멀리했다. 민청학련 사건의 피고인이었던 김효순의 주례 요청도 대중의 이목에서 벗어나고자 불가피하게 사양했다. 김효순은 내가 체면상 으레 거절하는 척하는 것으로 생각하고 청첩장에 내 이름을 적은 다음 결혼식장에서 나를 기다렸다. 하지만 그의 왕년의 변호인이 끝내 나타나지 않자, 이영희 한양대학교 교수에게 대타로 즉석에서 주례를 부탁하는 차마 웃지 못할 촌극마저 연출해야 했다.

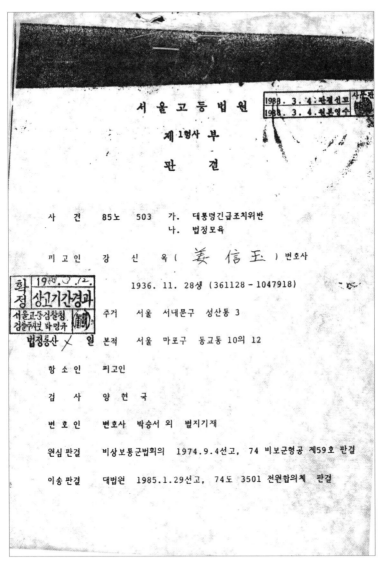

서울고등법원

제1형사부

판 결

1988. 3. 4. 판결선고
1988. 3. 4. 원본영수

사 건   85노 503   가. 대통령긴급조치위반
                  나. 법정모욕

피 고 인   강 신 옥 (姜 信 玉) 변호사

확정 1988. 3. 12.
상고기간경과
서울고등검찰청.
검찰주사보 박명규
법정통산 ✕ 일

          1936. 11. 28생 (361128 - 1047918)

주거   서울 서내문구 성산동 3

본적   서울 마포구 동교동 10의 12

항 소 인   피고인

검   사   양 현 국

변 호 인   변호사 박승서 외 별지기재

원심 판결   비상보통군법회의 1974.9.4선고, 74 비보군형공 제59호 판결

이송 판결   대법원 1985.1.29선고, 74도 3501 전원합의체 판결

강신옥 서울고등법원 판결문 1

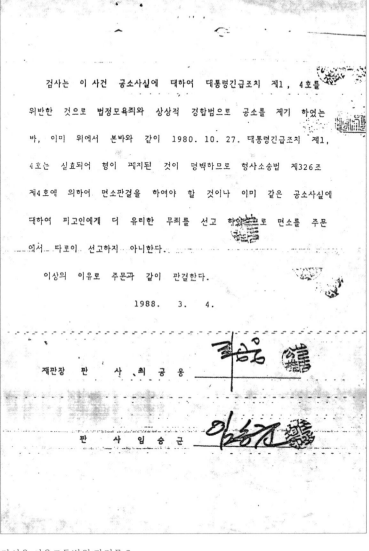

검사는 이 사건 공소사실에 대하여 대통령긴급조치 제1, 4호를 위반한 것으로 법정모욕죄와 상상적 경합범으로 공소를 제기 하였는 바, 이미 위에서 본바와 같이 1980. 10. 27. 대통령긴급조치 제1, 4호는 실효되어 형이 폐지된 것이 명백하므로 형사소송법 제326조 제4호에 의하여 면소판결을 하여야 할 것이나 이미 같은 공소사실에 대하여 피고인에게 더 유리한 무죄를 선고 하였으므로 면소를 주문 에서 따로이 선고하지 아니한다.

이상의 이유로 주문과 같이 판결한다.

1988. 3. 4.

재판장 판   사 . 최 공 웅

판   사 임 승 균

강신옥 서울고등법원 판결문 2

형사재판확정증명원

처 리 기 간
즉 시

① 사 전 번 호	19 85 년 항 제 452 호
	19 88 년 점 제 795 호

피	② 성 명	강 신 옥
고	③ 주민등록번호	361128 - 1047918
인	④ 주 소	서울 마포구 성산동 3
⑤ 죄 명		가. 대통령긴급조치법위반
		나. 법정모욕
판	⑥ 선 고	19 88 . 3 . 4 . 서울고등법원
	⑦ 형 명 · 형 기	무 죄
결	⑧ 확 정	19 88 . 3 . 12 .
용 도		법원제출용

위와 같이 형사재판이 확정되었음을 증명하여 주시기 바랍니다.

198 8 . 6 . 30 .

신청인 강 신 옥

서 울 고 등 검 찰 청 검 사 장 귀 하

무비서류	수 수 료
없 음	없 음

위와 같이 형사재판이 확정되었음을 증명합니다.

198 8 . 6

서 울 고 등 검 찰 청 검 사 장

23-05-15 민
84. 12. 26 승인

190mm×265mm 신문용지 54g/㎡

무죄확정증명원

영원히 정의의 편에

그러한 소동이 있는지도 모른 채 나는 설악산에 있었다. 정치를 하기에는 숫기도 없을뿐더러 소양도 부족하다는 게 내 자신에 관한 판단이었다. 정치를 하려면 끈끈한 친화력과 살가운 붙임성이 필요했다. 수많은 사람에게 연하장도 돌리며 자신을 홍보해야 했다. 그런데 나는 자기 홍보는커녕 여러 사람 앞에서 인사말을 하는 것조차 부끄럼을 타는 성격이었다.

무죄 확정 선고가 나고 얼마 후로 기억된다. 1988년 4월에 치러질 예정인 13대 총선이 임박한 즈음이었다. 어느 날 김영삼 통일민주당 총재로부터 전화가 걸려 왔다. 함께 정치를 해보자는 얘기였다.

나는 김영삼, 곧 YS를 변호사로 활동하며 몇 번 만난 적이 있었다. YS와 인연이 있는 민족문제연구소의 소장을 한 적도 있었다. 게다가 통일민주당 추천으로 중앙선거관리위원직을 맡았으므로 김영삼과의 개인적 인연이 없지는 않았다.

그러나 국회의원 출마 제의를 받을 정도로 YS와 현실 정치에 관해 직접적 얘기가 오간 건 그때가 처음이었다. 정치에 대해 부정적 견해였던 나는 김영삼의 제안을 그 자리에서 거절했다.

그러자 대학생들이 무교동의 내 사무실로 갑자기 들이닥쳤다. 그들은 "마포구에 선생님이 나오셔야 합니다"라며 나의 결단을 촉구했다. YS와는 상관없는 청년들이었음에도 그들은 내가 출마를 결심할 때까지 사무실에서 나가지 않겠다며 막무가내로

버텼다.

그때부터 이 역시 운명일지 모른다는 고민과 번뇌가 시작됐다. 역사의 물결은 군사독재의 시대로부터 민주화의 시대로 도도히 흘러가고 있었다. 정치에 참여할 명분과 마당은 충분히 마련된 상황이었다. 나는 "정치를 할 수밖에 없는 게 내 운명인가?" 하는 생각을 좀처럼 떨쳐 버릴 수 없었다.

정치는 일종의 종합예술이었다. 변호사로 할 수 있는 일보다 정치가로 할 수 있는 일이 훨씬 크고 많다는 사실을 나는 진즉부터 절감해 왔다. 정치의 역할은 사법의 기능과 견주어 더 넓고 깊었기에 그만큼 소신과 경륜을 펼칠 기회도 많았다. YS는 내가 상대적으로 선호한 정당의 총재였고, 젊은 학생들의 권유도 강했다. 정치를 하기에 더없이 좋은 여건이 조성되고 있었다.

고민을 마친 나는 정치를 해야겠다고 마음먹고 친구들에게 알렸다. 친구들의 반응은 한결같이 반대였다. "왜 그 더러운 짓을 하느냐?", "까마귀 노는 곳에 왜 백로가 가려고 하느냐?"라는 게 반대의 주요한 명분이었다. "돈이 없으면 정치를 하기 어렵다"라는 현실론적 사유도 반대의 한 축을 이뤘다.

막상 반대에 부딪히니, 나 자신이 적극적으로 정치 참여를 정당화하기 시작했다. "기성 정치인이 까마귀이면 백로가 들어가서 까마귀를 몰아내야 하지 않을까. 다 피하면 소는 누가 키우나?"라는 식의 자기 합리화였다.

　　　　　　　　　　　　　　　영원히 정의의 편에

김영삼 총재는 나를 세 번 넘게 찾아왔다. 기성 정치인 중에서는 YS가 낫다고 생각해 온 나는 김영삼의 통일민주당 국회의원 후보직 제안을 마침내 수락하고 13대 총선에 뛰어들었다.

국회의원으로 생활한 8년의 세월을 돌아보면 정치인으로서의 나는 실패했다는 결론을 내릴 수밖에 없다. 정치에 입문할 준비도 부족했거니와 무엇보다도 체질적으로 현실 정치와 맞지 않았던 탓이다. 내가 너무 정치에 대해 순진한 생각을 했는지도 모른다. 많은 일을 할 수 있을 것이라는 기대와 달리 내가 정치권에서 할 수 있는 역할은 매우 제한돼 있었다.

김영삼과 김대중과 노무현의 추억

역대 모든 전직 대통령에 대한 나의 개인적 평가는 부정적이다. 나는 DJ와 관련해서는 회의감을 품게 된 일이 있었다. 나는 1980년의 '서울의 봄' 정국에서 김재규를 위한 변론과 구명 활동에 총력을 기울이고 있었다. 그해 2월 말로 기억된다. DJ 측으로부터 동교동 자택에서 만나자는 연락이 왔다. 내로라하는 인권변호사들을 초청해 고견을 듣고 싶다는 이야기였다.

나는 정치인은 신용이 없다는 선입견이 강해서 DJ를 그다지 만나고 싶지는 않았다. 그러나 김재규를 구명하는 일이 우선은 중요했기에 DJ와의 만남이 도움이 되지 않을까 하는 생각에 참석을 결심했다. 약속 시간인 저녁 6시에 맞춰 동교동에 갔는데

영원히 정의의 편에

DJ는 학생들과의 면담이 아직 끝나지 않은 상태였다.

자신을 DJ의 비서로 소개한 해군 소장 출신의 P가 경호실장 스타일로 변호사들을 영접했다. 내가 변호 중인 박선호가 해군 출신인 터라 P를 보니 반가웠다. 나는 해군 후배인 박선호 해병 대 대령을 살려야 하지 않겠느냐고 운을 띄웠다. 야당의 거물급 정치인의 비서실장이면 당연히 우리 편으로 생각했기 때문이다.

P의 대답은 대단히 실망스러웠다. 박정희 전 대통령이 죽었 기 때문에 박선호도 사형을 피하기 어렵다는 말이었다. DJ의 비 서이자 경호실장이며 박선호의 해군 선배인 인물의 입에서 나올 얘기가 아니었다. 나와 함께 이 이야기를 함께 들었던 이세중 변 호사 역시 황당해했다. 잠시 후 DJ를 만났다. DJ는 인권변호사 들을 초대한 이유를 이렇게 설명했다.

"여러분들 수고하셨습니다. 제가 여러분들을 모신 이유는 정 치 활동을 재개하려고 하는데 누가 후보가 돼야 하느냐는 문제 를 상의드리려는 데 있습니다. 대통령 후보도 제가 YS보다 먼저 했고, 더욱이 YS가 총재로 있는 상황에서 제가 신민당에 들어가 야 할지 등에 대해 여러분들의 견해를 듣고 싶습니다."

그 자리에는 호남 출신과 영남 태생의 변호사들이 함께 있었 는데, 호남 출신 변호사들은 DJ가 신민당에 들어갈 필요가 없으 며 신당을 창당해 대통령 후보가 돼야 한다는 의견이 강했다. DJ 에게 기우는 분위기였다. 다른 지역 태생 변호사들은 중립적 입장을 피력했다. 나는 10·26 사건으로 지금 김재규는 재판받고 있으며, 설상가상으로 전두환마저 공공연히 설치고 있는 판국인데 DJ가 대통령이 되는 게 뭐가 그렇게 중요한지 모르겠다는 의문이 들었다.

드디어 내가 발언할 차례가 되자, 나는 단도직입적으로 DJ는 신민당에 들어가야 옳고, 누가 야당의 대선후보가 되는지는 중요한 일이 아니라고 주장했다. 나는 어떻게든 야당으로의 정권교체를 실현하기 위한 국민운동이 필요하다고 못을 박았다. 그리고 나는 우리 모두 김재규에게 고마워해야 하며 그의 구명 운동에 동참해 줄 것을 결론 삼아 호소했다.

사실 DJ와 YS가 대권 고지를 바라볼 수 있게 된 건 다 김재규 덕이 아닌가? 나는 김대중과 김영삼이 사나이답게 김재규에게 고맙다고 인사해야 한다고 생각했다.

DJ는 별다른 반응을 보이지 않았다. 그저 묵묵부답이었다. 분위기가 일순 어색해지자, 호남 출신의 원로 법조인인 P 변호사가 "오늘은 첫날이니까 너무 독촉하듯 밀고 나가지 말고 천천히 합시다"라고 좌중을 다독였고, 그러자 다시 열띤 토론이 이어졌다.

나는 모임이 끝날 때까지 내내 화가 난 상태였다. 그래서 신발을 신고 나오면서까지 DJ에게 왜 김재규 구명운동을 하지 않느냐고 따졌다. 실은 DJ 측도 난감한 입장이었다. DJ는 김재규가 아니었어도 그즈음의 정세를 고려하면 4·19 같은 상황이 발생해

영원히 정의의 편에

민주화가 이뤄졌을 것이라고 믿었다. 그런데 김재규가 정권 내부의 권력 투쟁으로 민주화 운동에 찬물을 끼얹었다는 게 DJ의 시각이었다.

DJ의 이러한 관점은 2000년 이후에 벌어진 김재규를 민주화 운동 관련자로 인정할지를 둘러싼 논쟁에서 김재규의 공로를 긍정하지 않는 진영의 논리로 끈질기게 이어졌다. 어쩌면 김재규 문제는 손대지 말라는 신군부의 강력한 물밑 경고를 DJ가 그 무렵 받았던 게 아닌가 하는 짐작도 나는 해봤다.

그로부터 두 달 반 만에 DJ는 신군부에 의해 체포됐고, 김대중의 동교동 자택으로 쳐들어온 계엄군으로부터 DJ를 지키려던 예비역 해군 소장 P는 군인들이 휘두른 대검에 찔렸다. DJ는 두 달 반 뒤에 일어날 일도 모른 채 대권만을 생각했던 셈이었다. 나는 그 이후로는 DJ를 만날 일이 없었다.

나는 동교동에서 DJ를 만났을 때와 비슷한 시기에 김재규 구명 운동을 위해 YS를 찾아갔다. YS는 "(구명운동) 할게, 할게. 그러니 지금은 좀 가만있어. 시간 좀 줘" 하는 식으로 은근슬쩍 넘어갔다. YS는 김재규에게 고맙다는 말도 했다. YS는 DJ와는 달랐다. 그러나 단지 그뿐이었다.

YS의 역사 인식은 불완전하고 불충분했다. 내가 국회의원으로서 김구 선생 암살 사건의 진상 조사 작업을 수행할 때였다. 나는 국내 어딘가에 분명히 그와 관련된 비밀 조사 문건이 존재할 거라고 확신했다. 그래서 청와대 만찬에 참석할 기회가 생겼을 때 대통령이던 YS에게 "국가안전기획부나 경찰청에 한마디 해주면 볼 수 있는 문건이 있을 것 같습니다"라는 취지로 간곡하게 도움을 요청했다.

더욱이 경찰 조직을 지휘하고 있는 내무부 장관직을 YS의 최측근인 최형우가 맡고 있었다. 그런데 YS의 반응은 황당하기 이를 데 없었다.

"그런 자료가 있겠어? 어이, 박관용, 내 일기장도 정보부에 갔는데 찾을 수 있겠네?"

박관용은 "그런 자료가 있겠어요?"라며 김영삼에게 맞장구를 쳤다. 대통령인 YS는 해묵은 역사적 과제의 해결에 도통 관심이 없어 보였다.

노무현의 태도는 양김의 반응과 확연히 달랐다. 나는 노무현과 이인제 등 몇 사람을 마포의 우리 집에 동시에 초대한 적이 있었다. 노무현은 말을 잘했으나 왠지 불안한 느낌을 주었다. 나는 그가 스스로 목숨을 끊은 결정은 성급한 판단이었다고 생각한다. 길게 보면서 검찰 수사의 수모를 이겨냈어야 했다. 더욱이 이유 여하를 막론하고 하늘이 주신 목숨을 스스로 끊는 일은 결코 해서는 안 될 일이다. 그런 일을 정치적으로 이용만 할 게 아니라 따끔하게 꾸짖어주는 우리 사회의 어른이 필요하다.

노무현뿐만 아니라 그 어느 전직 대통령도 마찬가지다. 국정 운영의 성패는 제도보다 사람의 문제일 때가 많았다. 그런 점이야말로 나는 참여정부의 한계였다고 평가하고 있다.

그러나 노무현이 깨끗하게 의정활동을 했다는 데는 그 어떠한 이견도 없다. 나는 지역구 국회의원 선거를 두 번 치렀지만, 이례적으로 돈을 아주 적게 썼다. 나만큼 돈을 적게 쓴 사람은 노무현 정도가 전부였다.

나는 왜 3당 합당에 찬성했는가

1988년 4월 26일은 제13대 국회의원 총선이 치러진 날이었다. 나는 마포 을 지역구에 통일민주당 후보로 출마해 압도적 표 차이로 당선됐다. 정치판에 발을 들여놓은 지 겨우 보름만이었다. 민정당 후보로는 박주천이 입후보했으나 나와는 상대가 되지 않았다.

지역구를 결정할 때 당에서는 어디든지 선택하라고 했다. 나는 그즈음 워낙 인지도가 높은 까닭에 어느 지역에 출마해도 경쟁력이 있었다. 만약 내게 원대한 정치적 야심이 있었다면 전통의 정치 1번지로 주목을 받아온 종로 같은 곳에 출마해 민주정의당 소속의 이종찬과 승부를 겨룰 만도 했다.

초보 정치인에게 그와 같은 웅장한 비전과 농익은 심모원려가 있을 리 없었다. 나는 40년을 거주한 마포 을에서 출마하는 게 순리라고 보았다. 그곳을 벗어나 다른 지역구에서 선거에 나간다는 건 생각조차 해보지 않았다. 안방처럼 느껴지는 지역구에서 선거전을 치르니 돈도 별로 쓰지 않았다. 넉넉지 않은 선거 자금이었지만 무사히 선거를 치러냈다.

국회에 등원해 본격적인 의정활동을 시작했다. 나는 정치를 개혁하겠다는 막중한 사명감을 품고 국회의원으로서의 직무를 열심히 해나갔다. 나는 공부와 연구 목적으로 국회도서관에 부지런히 드나드는 의원으로는 몇 손가락 안에 꼽혔다. 얼마나 도서관을 내 집처럼 빈번하게 드나들었으면 사서들이 내가 항상 앉는 자리를 기억했다. 언론은 나의 학구적 면모를 기사에서 자주 언급했다. 국회도서관을 자주 이용하다 보니, 1988년 11월에는 〈미래의 국회도서관상〉이라는 제목으로 특별기고까지 하게 됐다.

나는 국회 5공 비리 특별위원회에 참여해 황명수 특위 위원장의 대리로 보람차게 활동했다. YS의 권유에 따라 당의 인권위원장을 맡아 재소자들의 신문 열람을 허용하는 등 교도소 내의 수감환경 개선과 교도 행정 민주화에도 힘썼다. 나는 선거법 개정 작업도 추진해 돈 안 쓰는 선거 풍토를 만드는 데 앞장섰다. 이를 위해 국회 연설도 빈번하게 했고, 영국을 비롯한 다른 나라

國會圖書館報 第25卷 6號(1988. 11 · 12)

〈200號紀念特輯 : 未來의 國會圖書館〉

未來의 國會圖書館像

姜 信 玉
〈國會議員 · 統一民主黨〉

어떤 나라의 문화수준이나 복지수준을 가늠하는 데는 그 나라가 갖고 있는 도서관의 질에 달려있다고 보는 것이 크게 잘못된 것이라고 말할 수는 없을 것이다.

개인의 생활에서도 인간능력의 한계 때문에 그 자신의 체험만으로는 여러가지의 풍부한 삶을 알게 되기 어렵지만 우리들의 조상때부터 현재까지 물려지는 책을 통하여 유한한 인간들의 체험과 지혜가 더욱 쓸모있게 되고 빛날 수 있는 것으로 확신하고 있다.

내 자신의 체험을 통해서 우리나라의 교육실태를 돌아보면 우리가 꼭 읽고 알아야 할 고전을 통한 훌륭한 인격이나 교양을 가르쳐서 전인적 교육을 하지 못하고 시험을 치르기 위한 잔재주에 지나지 않는 교육이 실시되고 있는 안타까움을 느끼고 있음을 솔직히 고백하지 않을 수 없는 것이다.

이와 같은 잘못된 교육의 실태를 고쳐 나가는 데는 뭐니 뭐니해도 우리 국민들에게 질좋은 도서관을 통해 평생교육을 실감나게 해주는 것이 중요한 과제라고 나는 보고 있다.

그런 의미에서 나는 이번 국회에 진출하여 현재 국회도서관의 시설과 비교적 많은 장서를 이용할 수 있는 기회를 얻게되어 개인적으로 무척 행복스럽다는 감사의 마음을 표시하는 데 인색할 수 없다.

나자신 원래부터 책에 대한 욕심이 지나친 것도 있지만 다행하게도 미국의 국회도서관을 수개월 이용한 적도 있고 미국명문대학인 예일대학도서관을 한 학기동안 출입할 수 있어 세계적인 도서관을 구경해 본 경험을 갖고 있다.

우리 국회도서관을 이용해 보면서 역시 느끼는 것은 아직도 도서의 양이 크게 부족하다는 것을 말할 수 밖에 없다.

나의 지적 호기심이 별나서 그럴지는 모르나 적어도 대한민국의 국회도서관이라면 대부분의 국민들이 찾고 있는 어떤 책이라도 비치되어 있어야 한다고 말한다면 지나친 것이라고 할 수 있을까. 내가 찾고 있는 책을 도서관 색인부에서 발견할 수 없을 때 실망감은 이루 말할 수 없다.

없는 책을 수소문하여 어떤 개인이 소장하고 있음을 알고 그 개인으로부터 빌어서 읽게 되었을 때 대한민국에 그래도 비교적 제일좋은 도서관이라고 소문난 이곳에 그런 책이 없다니

미래의 국회도서관상 1

영원히 정의의 편에

하는 아쉬움을 갖게 되니 어쩌하랴.

도서관의 이용도가 낮다느니 하는 문제는 2차적인 것이고 적어도 우리나라의 문화수준이나 복지수준을 나타내는 국회도서관에서는 책의 절대량이 국민들의 지적 호기심을 충족할 수 있는 것이라야 한다. 우리나라의 예산규모나 경제사정에 비추어 어렵다고 변명할지는 모르겠으나 책에 관한 한 예산의 어려움을 말할 경제수준은 훨씬 지나갔다고 보아야 한다.

나는 감히 말한다. 예산의 지출면의 우선권을 도서구입에 두어야 한다고. 책한권 더 많은 것이 총 한 자루 있는 것 보다 국방에 더 낫고 자유로운 사상의 전보를 위해서나 민주주의의 실천을 위해서도 진리를 알리기 위해서도 정말 멋있는 도서관이 더 긴요한 것이라고 보는 것이다.

세계 어느나라와 비교해도 손색이 없는 도서관 하나는 반드시 만들어 놓아야 하고 그와같은 도서관이 있으면 잠재적으로 언제든지 그 국민들이 이용하게 되어 있고 그런 시설이 무형적으로 앞으로 얼마나 큰 공헌을 할 것인가는 분명한 것이다.

부족한 장서를 보고 느끼는 것이지만 우리나라 전국에 설치된 도서관들과 상호 장서의 정보교환같은 것들이라도 우선 되었으면 하는 생각이다.

적어도 어떤 도서관 이용자가 필요로 하는 도서를 찾을 때 그 책이 없으면 다른 도서관에 있다든지 하는 정보라도 알려줄 수 있고 그렇게하여 그 책을 다른 도서관에서 대출받을 수 있도록 하는 것이다.

욕심을 말한다면 그런 서비스가 세계적으로

협조되어야 하는 것이 현재 우리들의 이상이라고 보아도 틀림없으리라.

다음, 도서관의 장서를 정보를 충분히 갖춘 것을 전제하고 이러한 장서나 정보가 비단 국회의원뿐 아니라 우리나라의 모든 국민에게 쉽게 이용될 수 있도록 해야 한다는 것이다.

대한민국의 국회의원으로서 현재의 국정을 비판하면서 가장 잘못되었다고 보는 것은 우리 정부가 여러가지 면에서 특혜를 받고 있는자, 배운사람, 지위가 높은 사람들에게 베풀어지는 서비스를 소외된 대부분의 국민들에게 베풀지 않고 있는 것이라고 말할 수 있을 것이다.

이런 것을 대한민국이 갖고 있는 자원의 부족과 나누어 가져야 할 많은 사람들의 문제인 것을 알고 있지만 정부 스스로 편의주의적이고 권위주의적인 발상으로 모든 문제를 해결하려는 안이함 때문에도 있다는 것을 알아야 하는 것이다.

그런 의미에서 우리 국회도서관의 시설도 되도록 많은 국민들이 이용할 수 있도록 과감히 공개되어야 한다고 나는 믿고 있다.

과감한 공개에서 빚어지는 여러가지 어려움이 뒤따르겠지만 지혜를 짜내어 그 어려움을 극복해 나가야 하고 국가의 모든 시설이 주인인 납세자를 위해서 존재한다는 의식을 공무원들은 철저하게 알아야 할 것이다.

이제 마지막으로 책을 애호하는 한 사람으로 한마디 더 하고 싶은 것은 왜 책을 읽는가 하는 근본문제이다.

우리나라의 지식인들은 오늘날과 같은 정치의 후진성에 대해 많은 책임을 통감해야 한다.

미래의 국회도서관상 2

5장. 더 큰 정의를 찾아서 정치의 세계로   203

안다는 것은 아는 지식으로 우리 사회를 좀 더 낮게하는 데 봉사하라는 것이지 그 지식을 이용하여 출세하는 데 있지 않다는 것이다. 왜 공부하는지에 대해 많은 고민을 해야 한다고 믿는다.

역사를 알고 잘못된 과거를 바로잡는 데 지식이 쓰여져야 한다는 것을 명심해야 한다.

우선 많은 것을 알게 하고 그 아는 것이 실천과 행동으로 이어지는 데 우리 국회도서관이 큰 역할을 할 수 있는 잠재적 능력을 갖출 수 있는 좋은 기관이 되기를 빈다.

그렇게 되어 후일 외국인이었던 내가 미국에서 이용하였던 도서관 시설만큼 훌륭해지고 심지어 외국인들까지도 이용할 수 있는 서비스가 될 수 있도록 온 국민들에게 베풀어져야 할 것이다.

그런 곳에서 얻을 수 있는 것은 책만이 아니고 각종의 시청각을 통한 자료도 마찬가지였다.

유명한 정치인들의 훌륭한 연설들을 살아있는 목소리로 청취할 수 있고 명작들을 녹화하여 그대로 언제나 볼 수 있을 뿐아니라 위대한 사람들의 육성을 통한 대화들을 들을 수 있는 그런 위대한 도서관이 되었으면 하는 바램이다.

우리나라에서는 훌륭한 우리들의 선조들이 많았지만 역사가 늘 어두운 곳만 두드러지게 전달되어 우리의 후손들에게 존경받고 본받을 만한 것을 전할 것이 없다는 것을 안타깝게 여긴다.

우리는 우리의 과거중에 많은 좋은 사실들을 발견하여 그것들을 후손들에게 전해주어야 할 책임이 있다.

이런 일들도 역사적인 자료의 보고라 할 수 있는 도서관이 할 수 있는 일중의 하나라고 보아도 무방할 것 같다.

우리들은 조상을 숭배하는 좋은 전통을 이어오면서도 자기 직계나 가문의 우수성을 강조하는 데 지나쳤고 정말 훌륭한 조상들을 연구하는 데 게을리했다고 보아야 한다.

그동안 정치적인 이유로 자기 뜻을 글로 표현하는 것을 위험하게 생각하여 기록하는 버릇을 키우지 못한 역사적 이유도 있었지만 이제 명실상부한 민주주의를 정착시키기 위해 위대한 문화를 꽃피우기 위해서 우리가 가진 모든 것을 개발하고 아무런 두려움없이 역사를 기록하고 진리를 말할 수 있는 훈련을 쌓아야 할 것이다.

이제 지난날의 역사적 과오로 피해를 받고 있다고 느끼는 많은 국민들이 잃어 버린 권리를 찾기 위해 시위나 농성으로, 혹은 파괴적인 행동으로까지 그 권리를 회복하려 하는 현상들이 두드러지게 드러나고 있음을 보고 그 피해받은, 소외받은 국민들이 글이나 말로써 의사를 표현하고 정말 평화적인 방법으로 이 어려운 현실을 극복해 나가는 슬기를 가졌으면 하는 마음이 앞선다.

고래로 우리나라는 선비들이 많았고 호학의 정신으로 파괴하는 행동없이 어려움을 풀어나가는 지혜를 높이 여기던 국민으로, 온 국민들이 선비정신으로 이 난국을 풀어 나갔으면 하는 것이다.

그래서 마지막으로 진리의 책을 통해서 우리나라의 민주주의가 굳건해 질 수 있다는 것을 말하면서 이 글을 맺는다.

— 13 —

미래의 국회도서관상 3

　　　　　　　　영원히 정의의 편에

들의 사례도 밀도 있게 연구했다.

영국도 지금부터 약 2백 년 전에는 선거제도가 엉망이었다. 지역구 의석은 마치 경매에 부쳐지듯이 동네에서 누가 돈을 많이 쓰느냐에 따라 당선자의 얼굴이 달라졌다. 유권자들은 정치인이 사주는 술을 마시고 출마자가 제공하는 마차를 공짜로 타고 다니기 일쑤였다. 온갖 우여곡절과 치열한 선거법 개정 투쟁 끝에야 영국의 의회제도는 오늘날의 선진화된 모습으로 변모하고 발전할 수 있었다.

나는 돈으로 표를 사면 처벌을 받는 것은 물론이고 출마마저 금지하는 방향으로 선거법을 고쳐나갔다.

어느 기록을 보니까 한 고장 전체의 투표권이 통째로 박탈당한 경우마저 있었다. 후보자 한 명당 300만 원~500만 원 정도의 비용만 지출하면 자전거를 타고 지역을 돌아다녀도 선거를 치를 수 있고, 당선되어 국회에 진출할 수 있어야 한다. 깨끗한 선거운동으로 당선돼야만 제대로 된 의정활동을 수행할 자격이 생길뿐더러 국회에서의 발언권도 강화될 수 있다. 수억에서 수십억 원의 돈을 써서 금배지를 단 인물이 정의와 공정을 감히 입에 올릴 수 있겠는가?

나는 깨끗한 정치의 구현을 목표로 통합선거법 개정에 앞장섰고 그 결과 소기의 성과를 거둘 수 있었다.

5공 청문회가 마무리된 지 며칠 후인 1990년 1월, YS와 JP가 노태우와 함께 3당 합당을 결행해 거대 여당인 민주자유당이 탄생했다. 학생들과 재야세력을 필두로 3당 합당에 대해 야합이라는 반대 여론이 강하게 일었다.

　나는 공식적인 합당 발표 직전에 YS로부터 통보를 받고서야 내가 속했던 통일민주당이 민주정의당과 신민주공화당 두 당과 합치기로 했다는 소식을 알게 되었다. 내 주변 사람들은 내가 너무 쉽게 합당에 고개를 끄덕였다고 의아해했다. 하지만 당시와 같은 여소야대 구도에서는 국가적 차원에서 아무 일도 되지 않았던 게 사실이었다. 원내교섭단체를 구성한 네 개 정당이 크고 작은 사안마다 일일이 합의해야 했다.

　이러한 상황에 불만이 누적된 지라, 나는 합당 협상에 전혀 관여하지 않았음에도 불구하고 합당의 취지와 대의에 원칙적으로 찬성했다. 남북통일도 하자는 판에 3당 합당이 무슨 큰 잘못이라도 되느냐는 게 내 생각이었다. 민정당에는 친일세력과 전두환의 군부독재 잔당이 여전히 잔존해 있었다. 나는 이들 전부를 충분히 극복하고 제압할 수 있는 대상으로 여겼다.

　전두환의 오른팔로 불렸던 장세동 전 안기부장을 그의 비서실장이었던 H 교수의 주선으로 나중에 사적으로 만난 적이 있었다. 내가 H 교수와 친분이 있어서 성사된 자리였다.

　나는 장세동으로부터 사람 자체로는 성실하다는 인상을 받

영원히 정의의 편에

왔다. 정치인은 상대가 누구든 만나서 서로 격조 있게 설득하고 소통하며 더 넓은 정치적 지평을 지향해야 한다. 나는 그게 정치인Politician이 정치가Statesman로 한 단계 더 업그레이드될 수 있는 길이라 믿었다.

3당이 합당하는 날, 기분이 좋아서 기자들과 허심탄회한 식사 자리를 마련했다. 기자들이 3당 합당을 비판하면 나는 이를 적극적으로 옹호하며 그들과 열띤 논전을 벌이기도 했다. 그렇게 나는 민주당 국회의원에서 민자당 국회의원으로 소속이 바뀌었다. 당시 3당 합당 후 거행된 민자당 현판식에서는 신영복이 써준 글씨의 현판이 내걸렸다.

미운털이 단단히 박히다

나는 몸담았던 소속당의 총재인 YS와 그다지 사이좋게 지내지 못했다. 나는 하고 싶은 말은 가감 없이 하는 성격이었다. 눈치 보지 않고 시시비비를 곧바로 가렸다는 뜻이다. 다른 국회의원들이 옳고 그름을 몰라서 말을 아끼지는 않았을 터이다. 공천이라는 목줄에 늘 신경이 쓰이다 보니 잠자코 조용히 참는 게 체질화되고 습관화됐을 뿐이었다.

정치는 처음부터 끝까지 말로 이뤄지는 일이기 마련이다. 당내 문제라는 이유와 구실로 해야 할 말을 하지 않으면 무엇 하려고 정치를 하느냐는 게 내가 늘 마음속에 품었던 근본적 질문이었다. 나는 공천이라든지, 당내 화합이라든지 하는 일들 때문에 발언에 소심하게 구애받고 싶지 않았다.

당에서 회의를 해보니, 검찰이 정치인들에 대한 수사에 나설 때마다 정치 탄압이라 외치면서 무조건 다짜고짜 버티는 게 능사로 여겨지며 일상화돼 있었다. 나는 검찰에 출두해 당당하고 떳떳하게 조사받는 게 바람직하다고 생각했다. 혐의가 없으면 무사히 돌아오면 되고, 그게 아니면 법의 심판을 받는 게 옳다고 보았다. 원리원칙에 충실한 내가 기성 정치인들 눈에 곱게 비칠 리 없었다. 믿었던 YS마저 종국에는 나를 경원하기 시작했다.

5공 비리 특위의 청문회를 준비하던 때였다. 나는 전두환의 비행과 부정부패를 밝히려는 목적으로 그의 생가가 소재한 경남 합천으로 향했다. 합천에 도착한 나는 전씨 일가의 호화 묘역 등을 조사했다. 서울로 돌아오니 YS는 거기까지 구태여 뭐 하러 갔느냐며 나를 꾸짖었다. 나는 수직적 상하관계로 매여 있는 김영삼의 가신이 아니었기 때문에 왜 그걸 못마땅하게 생각하느냐며 YS에게 기죽지 않고 대꾸했다.

YS가 3당 합당이 있은 지 열 달쯤 지나서 모든 당무를 거부하고 마산으로 전격적으로 내려간 일이 있었다. 이른바 '마산 파동'이었다. 기자들이 YS의 마산행에 대한 내 의견을 묻자, 나는 "구국의 결단으로 합당한다고 해놓고 좀 불리하다고 하여 고향으로 내려가면 되느냐?"라고 YS를 향해 입바른 쓴소리를 아끼지 않았다. 내각책임제에 일단 합의했다면 끝까지 약속을 지키는 게 도리에 맞았기 때문이다.

　YS와 상도동계는 모든 일이 김영삼이 대통령이 되기 위한 수단이고 과정일 뿐이었다. 나는 3당 합당을 했으면 민주계든, 민정계든, 공화계든 누가 대통령이 돼도 상관이 없다고 생각했지만, 김영삼의 사람들은 YS를 대통령으로 만드는 게 최우선 순위였다. 결국 민자당은 창당 5년 만인 1995년 신한국당과 자유민주연합으로 갈라졌고, 3당 합당이 나라를 구하는 길이라 믿었던 나는 철저하게 기만당한 셈이 되고 말았다.

　통일민주당 시절 일본 사회당의 도이 다카코土井 多賀子 당수가 나를 비롯한 우리 당 의원들 몇 명을 일본으로 초청한 일이 있었다. 도이 당수는 자신과 나이가 비슷했던 YS를 긍정적으로 평가하고 있었다.

　일본에서의 주요한 행사들 가운데 하나로 한국인 상점이 밀집한 오사카의 쓰루하시鶴橋 시장을 돌며 교포 상인들을 위로하는 자리가 마련됐는데, 카메라 기자가 제시간에 나타나지 않았다. YS는 카메라 기자가 오지 않은 데 대해 불만을 토로하며 그냥 가만히 자리만 지켰다. 그는 카메라 기자가 등장하자 그제야 비로소 몸을 움직였다. 나는 서러운 이국 생활로 고생하는 동포들의 눈물을 닦아주러 와 놓고선 카메라가 없다고 아무것도 하지 않으려 해선 되겠느냐며 일침을 가했다.

　나는 YS의 면전에서 심지어 정치 자금 문제도 꺼낸 적이 있

　　　　　　　　　　　　　　영원히 정의의 편에

었다.

민자당에 합류해 여권의 2인자로 위상이 급상승한 YS는 정치 자금을 아낌없이 썼다. YS는 제14대 대통령 선거 국면에서 엄청난 액수의 선거 자금을 지출했을 가능성이 높았다.

나는 YS가 대통령에 당선된 후, 돈 문제를 정면으로 거론했다. "나도 많이 썼고, DJ도 썼고, JP도 많이 썼을 것이다. 그러나 앞으로 예전처럼 하지 않겠다"고 국민 앞에 선언하고 과거의 낡은 악습과 완전하게 단절할 것을 YS에게 직언했다.

미래로 나아가려면 구시대적인 금권정치의 질곡에서 하루빨리 탈피해야 했다. 그러면 YS 본인은 성공한 대통령으로 역사에 기록되고, 돈이 필요하지 않은 깨끗한 풍토가 조성되는 계기가 우리나라 정치에 마련될 수 있었다. 그런데 돈은 돈대로 실컷 써놓고 무조건 앞으로 칼국수만 먹겠다고 하니 앞뒤가 맞지 않았다.

YS쪽 사람들은 정치 자금에 대한 고해성사는 불법을 자인해 탄핵을 자초하는 행동일 뿐이라고 반발했다. 당시는 집권세력이 대통령 탄핵을 걱정할 분위기가 전혀 아니었다. YS는 정치부패의 악순환 고리를 끊는 데 실패했다.

나는 1995년 11월 30일에 진행된 국회 본회의 긴급 현안 질의에서 김영삼 대통령이 검찰 수사를 기다릴 게 아니라 스스로 대선 비용을 밝혀야 한다고 말하며 대선 자금 공개를 공식적으로 촉구했다. 1996년 3월, 15대 총선 공천에서 탈락해 여당을 탈당할 때도 나는 김영삼 대통령의 대선 자금 자발적 공개를 재차 촉구함과 아울러 YS의 차남 김현철의 전방위적 인사개입 의혹을 제기했다.

어쩌면 내가 YS에게 눈치 없이 처신을 잘못했을 수도 있다. 나를 포용하지 못했다는 측면에서 보면 YS도 잘한 건 없었다. 내가 대통령에게 잇따라 쓴소리를 하자, "누구는 입바른 소리 할 줄 몰라서 가만있느냐? 혼자서 인기 끌려고 그런다"라며 나의 돌출 행동을 비난하는 수군거림이 내 뒤통수에서 들렸다. 집권당 내의 기류와는 다르게 언론은 나의 소신 있는 행동과 발언을 높이 평가했다.

시계를 앞으로 되돌려 나는 14대 총선에서는 지역구 공천을 받지 못하고 전국구, 즉 비례대표로 국회에 들어갔다. 내 원래 지역구였던 마포 을에는 13대 총선에서 나와 경쟁했던 민정당 출신의 박주천이 민자당 후보로 출마해 당선됐다. 지역구를 내줬다는 사실이 크게 아쉽지는 않았다. 약간 섭섭하다는 감정은 들었으나 전국구가 나에게 적합하다고 생각하니 오히려 마음이 편해졌다.

정치인은 지역구에서 당선돼야 정치적 성장에 유리하다. 그러나 나는 지역구 관리에만 매달리고 싶지 않았다. 나랏일을 해야 할 국회의원이 자신의 지역을 위한 예산을 따내기 위해 다른 지역에 돌아가야 타당할 예산을 뺏어오는 일이 내 적성에 맞지 않

영원히 정의의 편에

았기 때문이다. 지역 예산 확보에 열중하는 일은 지방의회와 자치단체가 주로 신경 쓸 일이지 국회의원들이 앞장서 나서는 것은 사리에 어긋난다고 생각했다.

국민 전체의 대표자이자 독립된 헌법기관인 국회의원의 기본 책무는 큰 틀의 거시적인 국정운영에 있음에도 내 경쟁자들은 내가 나랏일을 우선시하는 점을 노려 나를 지역구 관리에 소홀하다고 비난했다. 나는 결국 15대 총선에서는 소속 정당의 공천장을 받지 못해 무소속으로 출마했다가 낙선의 고배를 마셨다. 나는 YS와의 정면 대결을 각오하며 무소속 출마를 결단했으나 역시나 힘에 부쳤다.

선거 패배의 쓴맛을 본 나는 캐나다 밴프로 잠시 여행을 다녀온 후, 법조인의 길로 돌아왔다. 지역구 의원으로 시작해 전국구 의원을 거쳐 무소속 후보로 낙선하는 하나의 주기를 완성하는 것으로 내 정치 인생은 일단락되었다. 나는 처음에는 국민에게 참신한 이미지를 선사했다. 그렇지만 내가 품었던 소신과 포부를 마음껏 펼치지 못한 채 8년을 마감해야만 했다. 나 스스로 평가해 본 정치인 강신옥의 의정 성적표이다.

김구 암살 사건의 미스터리를 밝히다

8년 동안의 의정 생활을 하며 보람도 컸다. 최고로 자부심을 느끼는 일은 '백범 김구 선생 시해 진상규명 조사위원회' 위원장을 맡아 보고서를 완성한 것이었다.

백범과 김재규를 수평적으로 비교하기는 무리일 것이다. 그러나 두 사람의 죽음 모두는 한 시대의 진실이 담겨 있다는 점에서 중차대했다. 나는 백범 암살 사건의 진상을 들여다보면서 10·26 사건의 변론을 맡아 김재규의 증언을 들었을 때처럼 나에게 주어진 역사적 책무의 무게감에 긴장했다.

14대 국회 임기 첫해인 1992년 11월 '백범 김구 선생 시해 진상규명위원회(회장 이강훈)'가 '대한민국 임시정부 주석 김구 선생

시해 진상규명'을 국회에 청원했고, 나는 진상규명 작업에 앞장을 서기로 작정했다. 나는 백범 김구 선생과 도산 안창호 선생을 오래전부터 존경해 온 터였다. 김구의 억울한 죽음의 진상을 규명하는 일은 내게는 천직과 같았다.

1993년 12월 15일, 국회 법사위에 '백범 김구 선생 시해 진상규명 조사위원회'가 정식으로 구성됐다. 내가 위원장을 맡았고 조사위원으로 정장현, 함석재, 강철선, 이원형 의원이 참여했다.

정부는 그때까지도 김구 선생 암살 사건의 진상을 밝히는 데 진지한 관심을 기울이지 않았다. 위대한 민족 지도자인 김구 선생의 목숨을 앗아간 정치 테러 사건은 1949년 6월 26일에 일어났다. 사건이 발생한 지 반세기가 다 되도록 진상규명을 손에서 놨으니, 대한민국 현대사를 온전하다고 평가하기에 어려웠다. 김구 선생 암살 사건의 진상규명을 목적으로 하는 위원회가 민의의 전당인 국회에 구성된 일은 국가기관에서 이 사건을 최초로 다룬다는 점에서도 역사적 의미가 깊었다.

사건 진상의 상당 부분은 정의롭고 애국적인 시민들의 끈질긴 노력으로 이미 명백히 드러나 있었다. 국가가 당연히 해야 일을 장기간 방치한 사이에 투철한 사명감을 지닌 일반 국민이 공권력을 대신해 귀중한 땀방울을 흘려온 셈이었다. 국회의 역할은 민간이 밝혀낸 내용을 확인해 이를 공식적으로 평가·정리하는 데 주안점을 두었다.

조사 작업과 관련해 나는 국내외를 정신없이 바쁘게 뛰어다녔다. 국회도서관에 살다시피 하며 국내 자료는 거의 다 훑어보았다. 이것만으로는 성에 차지 않아 미국과 일본을 누볐다.

특히 미국 하버드 대학의 엔칭燕京 도서관에서는 자유당 정권 시절 백범 김구 선생에 관해 서울시 경찰국 사찰과에서 작성한 '사찰요람'을 찾아내는 성과를 올렸다. 해당 자료는 그 당시 경찰의 현실 인식 수준과 행동 의도를 보여주는 귀중한 문서였다.

'사찰요람'은 김구가 송진우, 여운형, 장덕수 암살에 적극 개입했다고 명시하면서 백범과 그를 따르는 인사들을 공산주의자로 공공연히 못을 박고 있었다.

역설적 대목은 백범이 안두희에게 우남 이승만을 암살하도록 지시했지만, 안두희가 마음을 바꿔 오히려 김구를 살해했다는 내용이었다. 이는 이승만 정권이 백범 암살의 정당성을 강변하려고 얼마나 안간힘을 썼는지 보여주는 부분으로서 해방공간에서 경찰 조직이 지녔던 왜곡된 시국관을 오롯이 반영하고 있었다.

나는 정부에도 관련 자료의 전면적 공개를 촉구했다. 1994년 10월 31일의 국회 대정부 질문에서는 김구 선생 암살 사건에 대해 질의하면서 정부의 소극적 자세를 질타했다. 나는 역사에 기록을 남긴다는 차원에서 일반적 국정 현안보다 김구 선생의 죽음에 대한 진실을 밝히는 게 더 중요한 급선무라고 확신했다.

나는 질의를 하며 '사찰요람'에 담긴 내용을 언급했다. 해당

문서에 따르면 이승만 정부는 김구 선생을 공산주의자로 간주하면서 백범이 이승만을 살해하려다가 안두희의 애국적 행동으로 되레 피살된 것처럼 몰아갔다. 나는 여기에 대한 문민정부의 견해를 물었다. 또한 나는 미국 내에 보존된 한국 관련 자료를 국내로 신속히 옮겨올 것을 강력히 촉구했다.

나는 미국에 갔을 때 전봉덕 전 육군 헌병사령관을 만나 인터뷰했다. 그는 백범 암살 직후에 헌병사령관으로 승진한 점 등의 이유로 사건에 연루됐다는 의혹을 받았다. 전봉덕이 미국으로 이민을 떠난 게 백범 암살 사건에 관련돼 있기 때문이라는 소문이 파다했다. 나는 그의 아들과 사위를 통해 메시지를 전달했다.

전봉덕은 경성제대 법문학부 출신으로 고등고시 양과에 합격한 수재였다. 수필집 '그리고 아무 말도 하지 않았다'를 남기고 요절한 수필가 전혜린이 전봉덕의 딸이었다.

전봉덕 전 사령관은 억울함을 호소하며 사정을 소상하게 설명하겠다고 답신을 보내왔다. 그는 자신이 지휘하는 헌병사령부가 안두희의 신병을 확보했던 시간은 하루도 되지 않았으며, 안두희는 곧바로 특무대SIS에 신병이 인계됐기 때문에 자세한 내막은 알기 어려웠다고 주장했다.

1994년 1월 4일, 조사위원회의 활동이 개시되면서 백범 암살범 안두희가 국회로 소환됐다. 무척이나 역사적 날이었으나 안두희는 건강상의 문제로 제대로 증언하지를 못했다.

들것에 힘겹게 실려서 도착한 안두희는 증언 대신에 본인의 육성 테이프 120개를 제출했다. '백범 시해 진상규명위원회 국민운동' 위원장 김석용 씨가 안두희를 설득해 1992년 6월부터 1993년 10월에 걸쳐 녹음한 자료였다. 조사위는 테이프의 임의성을 확인한 후, 책으로 몇 권에 달하는 분량의 녹취서를 만들었다. 안두희의 육성을 마침내 기록으로 남긴 의미 있는 일이었다.

조사위는 백범 암살을 안두희의 우발적 단독 범행이 아닌 정권 차원의 조직적 범죄로 규정했다. 정치적 암살 같은 사건에서 최고 권력자의 직접적 개입 여부를 확인하기란 쉽지 않은 노릇이다. 구체적 증거를 남기지 않기 때문이다. 안두희는 하수인인 탓에 정권 최상부 수준에서 진행된 음모의 전모를 몰랐을 수 있다. 그럼에도 최고위 권력자들의 움직임 자체가 중요한 정황 증거로 채택될 수 있다. 책임은 물을 근거가 생기는 것이다. 여기에 구체성을 더하는 건 역사가들의 몫일 테다.

사건 발생 당시 현역 육군 소위 신분이었던 안두희는 범행 후 체포돼 육군 형무소에서 약 10개월간 수감됐다. 그는 일반 죄수와는 전혀 다른 특별 대우를 받았다. 심지어 수사관이 입회한 면회에서 격려금까지 타갔다.

안두희의 아내가 면회를 오면 부부가 교도소 밤나무 밑에 자리를 깔고 앉아 망중한을 즐기곤 했다. 그러면 특무대장 김창룡이 붙여준 당번이 안두희의 심부름을 기다리며 멀찌감치 떨어져 앉아 대기했을 정도였다. 출소한 안두희는 춘천에서 가장 세금을 많이 낼 만큼 부자가 됐다가 종국에는 사업이 망했다. 안두희는 국회의원으로 출마했다가 낙선하기도 했었다.

그보다 더 어이없는 일이 한 가지 있다. 안두희가 구속될 때 김구의 한독당 조직부장이 함께 구속되어 똑같이 15년 형을 선고받은 것이다. 한독당 조직부장의 과오가 있다면 안두희에게 속아서 그를 한독당의 비밀당원으로 받아들인 것뿐이었다. 백범 암살이 한독당 당내 갈등의 소산임을 부각하려는 집권세력의 속셈이었다.

그때나 지금이나 불의하고 부정한 권력은 책임의 원인을 상대방의 내부 분란으로 몰아감으로써 사건의 본질을 희석하려는 꼼수를 흔히 부린다. 이는 권력을 쥔 위정자들의 본능적 생리이다.

부끄럽고 실망스러운 현실 정치의 민낯

나는 15대 총선 공천에 탈락하자 무소속 출마로 방향을 선회했다. 그러자 김광일 청와대 비서실장으로부터 만나자는 전화가 걸려 왔다. 내가 고분고분 머리를 숙이지 않으니, 청와대도 여당도 불편했던 모양이다. 청와대에서는 의원직 대신에 다른 자리를 제안하며 거래를 시도하려는 눈치였다. 나는 김 실장과의 만남을 거부하며 그 어떤 제안에도 일절 응하지 않았다.

이번에는 의전비서관인 K로부터 거듭해 연락이 왔다. 한번 보자는 것이었다. 나는 K와의 만남 제안에도 불응했다.

당 안팎의 돌아가는 낌새를 살펴보니, 공천과 관련해 음습한 뒷거래와 불미스러운 불상사가 잇따랐다. 공천 과정에서는 달콤

영원히 정의의 편에

한 제안과 허황한 약속과 부실한 공수표와 터무니없는 반대급부 제안이 오갔고, 거래가 깨진 탓에 배신과 보복의 볼썽사나운 막장 드라마가 종종 연출됐다.

H는 부산 지역의 유력 인사였다. 게다가 완력도 센 인물이었다. 그는 공천을 해주겠다는 말을 믿고서 당에 적잖은 액수의 정치자금을 기부했던 모양이다. 그런데 탈락하고 말았다.

그는 약속이 깨진 데 대해 배신감을 느끼며 응징할 기회만 노리다가, 몇 년 뒤 어느 날 비행기 안에서 청와대 고위관계자 K를 우연히 발견했다. H는 K를 김포공항 화장실로 끌고 가 물리적으로 화풀이를 했다고 한다. 그래도 분이 덜 풀렸는지 H는 "말로만 약속하고 사람을 피하니, 이게 뭐냐?"라면서 정무수석이었던 L도 혼내주겠다고 벼르었다. 나는 약속이 파기되는 일은 정치권에서 비일비재하다고 말하며 H를 간곡하게 만류했다.

공천을 주는 처지에서 보면 선거를 치를 돈은 절실하게 필요한데 보상으로 나눠줄 자리는 턱없이 모자랐다. 그러니 약속을 지키고 싶어도 지키지 못하는 경우가 많았다. 지킬 수 없는 약속은 애당초 하지 않는 게 정답이다.

기성 정치에 대한 환멸과 회의감은 내 마음속에서 일찌감치 싹트기 시작했다. 통일민주당 시절, 회의만 열렸다 하면 주제는 국태민안이 아니라 당리당략이었다. "DJ의 평민당이 이런 주장을 하니까 YS의 민주당은 이렇게 대응해야 한다"라는 권모술수가 회의 석상에서 봇물이 터지듯 분출했다. 매사 그런 식이었다.

하루는 내가 "통일민주당은 잘 안돼도 나라는 살아야 하지 않겠습니까?"라고 덤볐더니 중진 정치인인 L 의원이 YS에게 "강 의원은 통일민주당 의원이 아닌 것 같아요. 국가, 국가 하는 걸 보면 말이지요"라고 웃어넘겼다. YS는 "강 의원, 통일민주당 위하는 게 나라를 위하는 거예요"라고 점잖게 한마디 보탰다.

영원히 정의의 편에

정주영과의 만남

내가 1992년, 14대 총선에서 민주자유당 전국구 후보로 공천되기 전의 일이다. 나와 개인적 친분이 있던 정몽준 의원이 우리 집에 오겠다고 해서 그를 기다렸는데, 부친인 정주영 현대그룹 회장과 동반해 도착했다. 정주영은 국민당 입당을 권유했고, 나는 단박에 거절했다.

재벌은 정치를 하면 안 된다는 게 내 확고한 소신이었다. 우리나라 정치풍토를 봤을 때 재벌이 정치할 수 있는 여건이 아니라는 생각도 했다. 지금까지 기업가로서 쌓아온 업적과 명예가 정치인의 그것보다 훨씬 나은데 왜 굳이 험한 세계에 발을 들여놓으려 하는지 이해가 되지 않았다. 나는 "기업가로서 이미 성공했는데 왜 정치를 하려고 하느냐?"며 정주영의 정치 참여에 적극 반대했다.

그런데도 정주영은 전혀 불쾌한 기색 없이 오히려 나를 격려해주고 갔다. 그는 나에게 의기소침하지 말고 지금까지 살아온 것처럼 당당하게 뜻을 이루라고 당부했다. 역시 성공한 기업인으로서 정주영의 그릇은 남다르다는 것을 느낄 수 있었다.

장차 정치에 몸담게 되는 유명 소설가 K는 그즈음 정주영에게 정치에 입문하지 말 것을 종용했다가 낭패를 봤다. 야당의 소장파 정치인 K가 정주영이 정치를 포기하도록 설득해 줄 것을 K에게 부탁했었다. 문인인 까닭에 아직은 정치 때가 묻지 않았던 K가 정주영에게 곧이곧대로 정치를 포기하라고 요구했다가 면전에서 쫓겨나고 말았다는 것이다.

훗날 알려진 바에 의하면 원래는 김동길 교수가 국민당을 대표해 대선에 출마하고 정주영이 선거에 필요한 자금을 대기로 했는데, 정주영이 김 교수에게 "당신은 아직 젊지 않냐?"라고 말하며 본인이 직접 대통령 선거에 나갔다고 한다. 정주영이 선수로 뛸 것을 부추기는 인사들이 주변에 많았다는 게 김동길의 씁쓸한 술회였다. 이 일화는 나를 스스로 되돌아보게 했다. 나 역시 15대 총선에서 무소속으로 출마해도 무난히 당선될 것으로 낙관하지 않았던가.

영원히 정의의 편에

정치를 하는 사람들은 과도한 자신감에 빠지기 쉽다. 여론조사 결과를 보면 객관적으로 승산이 없다고 분명히 나오는데도, 이를 믿지 않고 자기 고집을 부리다 낭패를 겪곤 한다.

　　정주영 회장은 5공 비리 청문회에서 "시류에 따라 돈을 줬다"라고 답변했다. 나는 그전에 그를 만난 자리에서 사실대로 말해 달라고 당부했었다. 나는 정주영이 청문회에서 그 정도로 솔직히 대답해 준 것을 높이 평가했다. 그는 굴지의 재벌그룹 회장으로 자신이 할 수 있는 만큼은 충분히 했다. 반면 당시 노무현 의원은 정주영에게 더 허심탄회한 답변을 원했기에 그 정도 대답으로는 만족하지 않았다.

정몽준의 도전과 좌절

정몽준 의원과는 13대 국회에서부터 교분을 쌓았다. 같은 초선 의원으로 의정 생활을 시작했으나 나는 통일민주당 소속이었고 정몽준은 무소속이었던 터라 초기에는 정몽준과 서로 마주칠 기회가 별로 없었다.

우리가 제대로 안면을 튼 곳은 테니스장이었던 것으로 기억된다. 나는 본디 테니스광이었고 정몽준도 테니스를 열심히 쳤다. 정몽준은 내 덕에 테니스를 배웠다고 하여도 과언이 아닐 게다.

우리는 일주일에 두세 번씩 테니스를 함께 치고 술자리도 종종 가지면서 급속히 가까워졌다. 정몽준이 공산당 청년조직인

콤소몰의 초청을 받아 소련을 방문했을 때 나와 이해구 의원이 그와 동행했는데 2주일 정도 현지에 머무는 동안 거의 매일 같이 테니스를 즐겼다. 나중에는 서로의 집을 방문하며 친밀감이 더해졌다.

정몽준은 나에 관한 평판을 긍정적으로 평가했을뿐더러 내가 도서관을 자주 찾는 모습에 호감을 느꼈던 듯싶다. 나는 정몽준이 검소하고 부지런한 사람임을 알게 됐다. 더욱이 그는 생각도 건실해 보였다.

정몽준은 성격이 진지해서인지 아무에게나 쉽게 마음을 여는 것 같지는 않았다. 무엇보다도 재벌 2세라는 태생적 특성이 그가 사람들을 편하게 만나기 어렵게 했다. 나는 그런 사실들에 구애받지 않고 정몽준을 대했기 때문에 정몽준도 나를 살갑게 따랐다. 내가 연장자이고 그의 진심이 느껴졌기에 나는 그를 친한 후배로 대하며 여러모로 챙겨주었다.

이해구와 이홍구도 정몽준이 크게 불편해하지 않고 대할 수 있는 사람들이었다. 정몽준은 새로운 것을 배우려는 자세가 갖춰져 있었다. 물론 나도 정몽준 덕분에 세계 여행을 여러 차례 하며 견문을 넓힐 기회가 생겼다. 우리는 일방향적이 아닌 쌍방향적 관계였다.

나는 친구나 동지는 본디 쌍방향적 관계라고 생각한다. 유형이든 무형이든 아무리 사소한 것이라도 서로 주고받을 것이 있다는 게 중요하다. 정몽준은 기업인이자 정치인이자 축구인이었으므로 덕분에 나는 외국에서 열리는 월드컵 축구대회 구경도 할 수 있었다.

정몽준이 2002년의 제16대 대통령 선거에 출마했을 때 우리나라 축구 국가대표팀의 월드컵 4강 진출 신화가 커다란 호재로 작용했다. 나는 그가 깨끗한 이미지를 잘 유지해 간다면 대선에서 승리할 수도 있다고 판단했다.

정몽준은 2002년 한일 월드컵의 유치 단계에서부터 대회가 종료할 때까지 거의 전 과정에서 탁월한 역량을 증명했다. 축구인으로서의 혜안이 빛을 발휘했다고 봐야 한다. 정몽준이 정치적 의도를 갖고 월드컵을 이용한 것은 물론 아니었다. 정몽준의 인기가 월드컵 덕분에 폭발할 줄 누가 알았겠는가? 결과가 그렇게 됐을 뿐이다.

나는 한동안 정치권을 떠나 있었을 시기에도 정몽준과는 설악산과 지리산 등지를 같이 등산하고 테니스도 함께 치며 수시로 안부를 나눴다. 월드컵 축구 경기도 나란히 관전하러 다니며 계속 가깝게 지내온 터였다.

나는 정몽준을 대통령으로 만드는 데 앞장섰다. 정몽준의 인물됨이 괜찮다고 생각했기 때문이다. 그는 권력욕이 앞서거나 대통령병에 걸린 기성 정치인들과는 차별화된 참신한 재목이었다. 금상첨화로 지역주의로부터도 자유로웠다. 그 외에도 남에게 신세 진 일이 없다는 점, 세계 굴지의 글로벌 기업을 경영한 경험으로 실물 경제에 밝고 국제감각이 뛰어나다는 점, 재벌이어서 부정한 정치 자금을 받을 이유가 없다는 점 같은 장점들이 있었다.

나는 2002년 10월, 국민통합21의 창당 기획준비단장을 맡으며 정몽준 대선 캠프에 합류했다. 나와 이철 전 의원과 박진원 변호사 셋이 창당 작업의 전면에 나섰다. 이철은 노무현 새천년민주당 후보와 정치 코드가 더 맞았으나 내가 어렵사리 설득해 정몽준 캠프로 영입했다.

정몽준이 대통령에 당선되려면 현대중공업 주식을 비롯한 그가 가진 재산을 사회에 환원하는 결단을 내려야 한다는 목소리가 높았다. 그가 선공후사의 대승적 면모를 보여야 한다는 충고가 연달아 쏟아졌다.

나 역시 그러한 의견에 동조했다. 대통령 선거라는 중차대한 대업에 나설 때는 큰 승부수를 띄워야 한다고 믿었던 연유에서였다. 정몽준이 사람들의 여망을 흔쾌히 수락하면 좋으련만, 이는 당사자가 결단할 일이지 다른 사람이 강요할 문제는 아니어서 나는 더 왈가왈부하지 않았다.

정몽준은 현대중공업에서 대주주라는 것 외에는 다른 법적인 지위에 있지는 않았다. 그럼에도 그의 고민은 깊었다. 주식 백지신탁 같은 해법이 있었지만, 그는 주식을 결국 내놓지 않았다.

정몽준은 대통령 선거에 출마하며 현대중공업의 조직과 자금을 선거에 동원하지 않겠다고 약속했다. 그는 선대 정주영 회장이 대통령 선거에 나갔다가 현대가 혹독한 곤욕을 치른 사실을 잘 알기에 일거수일투족을 매우 조심스러워했다. 기업이 정치에 뛰어든 기업인을 공공연히 지원하기는 이미 힘들어진 분위기였다. 현대중공업 직원들은 회사에 사표를 낸 후에야 선거운동에 동참할 수 있었다.

박진원 변호사는 현대중공업 사외이사직을 대선에 뛰어들기 전에 사퇴했다. 현대중공업이 조직적으로 정몽준을 돕지는 않았다는 뜻이다. 기업이 선거에 개입하면 명명백백한 선거법 위반에 해당한다. 현대를 포함해 그 어떤 재벌이라도 선거에 개입해 선거법을 위반하면 사직당국이 이를 적발해 기소해야 한다.

정몽준은 고대 로마의 정치가이자 철학자였던 세네카를 좋아했다. 세네카는 "국가가 부르면 피해서는 안 된다"고 역설했다.

정몽준은 선친보다 배짱이나 친화력은 좀 떨어지는 듯하나 대신에 빡빡한 일정을 전부 소화할 수 있는 체력을 갖고 있었다. 2002년 대선 당시 선거 일정은 그야말로 분초 단위로 빡빡했다. 나는 선거운동 일정이 좀 더 유연하고 미래지향적이었으면 좋겠다고 생각했다.

이명박 전 대통령과의 관계에서 정몽준 쪽 사람들은 MB가 정주영을 배신했다고 여겼다. 정주영은 1992년에 국민당을 창당하면서 이명박에게 합류할 것을 제안했다. 이명박은 정주영의 제

영원히 정의의 편에

안을 냉정하게 뿌리쳤다. 기업인 이명박이 정주영의 현대 왕국에서 성장하고 성공했는데도 나중에 정치권에 들어가 의리를 저버렸다는 일종의 실망감이었다.

박근혜와 최태민의 불가사의한 관계

정몽준은 2002년 대통령 선거전에 임하며 노무현 민주당 후보에 앞서 박근혜 한국미래연합 대표와의 연대를 꾀했다. 정몽준도 신선한 이미지였지만 박근혜 또한 구정치인들과는 다른 인상을 그 무렵에는 국민에게 주었다. 정계와 재계를 대표하는 2세들이 힘을 합치면 시너지 효과가 클 것으로 기대되었다.

정몽준의 연대 시도는 박근혜 측의 거부로 성사되지 못했다. 박정희의 살해범 김재규를 옹호하고 의인으로 떠받든 나 같은 사람이 창당기획단장을 맡은 정치세력의 역사관과 가치관을 받아들일 수 없다는 게 박근혜 쪽이 정몽준 측과의 연합을 거절한 이유였다.

박근혜는 박정희의 혈육으로서 당연히 그렇게 말할 수 있었을지 모른다. 그러나 곰곰이 생각하면 이는 핑곗거리에 불과했다. 한나라당을 탈당해 신당 창당에 나섰던 박근혜가 이회창 한나라당 총재를 대선 후보로 지지하기로 했다는 소식이 이미 언론에 보도된 상태였다. 그가 박정희와 김재규와 나, 세 사람의 얽히고설킨 관계를 구실로 정몽준 후보의 손을 뿌리친 일은 정정당당한 처사라고 보기 어려웠다. 박근혜는 최종적으로 이회창 후보 선거대책위원회의 공동위원장을 맡으며 한나라당의 손을 들어줬다.

나는 정몽준과 박근혜의 연대를 실현하는 데 도움을 주고자 창당기획단장직을 사퇴하겠다고 말했다. 캠프에서는 가타부타 특별한 반응이 없었고, 자리에서 물러난 나는 병원에 입원했다. 신당 창당과 대선을 준비하며 새벽부터 밤늦게까지 뛰어다니느라 잠도 잘 못 자고, 사람들도 많이 만나면서 스트레스를 심하게 받은 상황이었다. 그로 말미암아 당뇨가 심해졌다. 만약 대선판에 계속 머물며 병원에 입원하지 않았다면 자칫 큰일이 날 뻔했다. 나는 박근혜 덕택에 건강을 되찾은 격이 되었다.

앞서 그로부터 4년 전인 1998년 모 여성지의 기자가 나를 찾아온 일이 있다. 그즈음 한 중견 여배우 K의 이혼 뉴스가 화제였는데, 그 이혼이 박정희와 관계가 있는지 확인하기 위해 나를 만나려 한 것이었다.

김재규 접견록을 다시 꺼내 살펴본 나는 해당 여배우는 박정희와 무관함을 확인해 줬다. 유신 시절에 다수의 여성 연예인이 대통령이 참여하는 중앙정보부 행사에 불려 갔는데, 김재규는 K를 부른 적은 없다고 생전에 증언했다. 기자는 나의 접견록을 보더니 눈이 반짝였다. 나와 김재규의 일대일 접견 기록이었으니, 당연했으리라. 나는 혹시라도 이 접견록과 관련된 기사를 쓰면 안 된다고 신신당부했다. 그러나 내가 잠깐 화장실을 다녀온 사이 그 기자는 접견록을 사진으로 몰래 찍었다.

그 후 실제로 보도된 내용에는 별다른 특이점은 없었다. 새롭고 특별할 게 없었다는 의미이다. 그런데 해당 여성지는 내 사진과 함께 '강신옥 변호사, 20년 만에 박정희 사생활 폭로'라는 식의 선정적 제목으로 기사를 내보냈다. 나는 엄청난 비밀을 특종으로 털어놓은 취재원처럼 졸지에 돼버렸다.

문제는 박근혜가 이 기사를 읽었다는 점이었다. 박근혜는 정몽준에게 "강 변호사가 며칠 전에도 나와 테니스를 쳤는데, 그럴 수 있느냐?"라고 따지며 격분한 모양이었다. 나와 정몽준과 박근혜는 이전부터 테니스를 치며 어울리곤 했다. 박근혜와 정몽준은 초등학교 동기 동창생이기도 했다.

난처해진 정몽준은 나에게 "박근혜에게 사과하는 게 좋지 않겠느냐?"라고 제안했다. "이번 소동은 내가 기자에게 속아서 벌어진 일이었다. 고의로 말썽을 일으킨 게 아니었다"라며 나는 정

　　　　　　　　　　　　　　영원히 정의의 편에

몽준에게 월간지 기자의 취재 과정과 기사게재 경위를 설명하면서, 박근혜에게 간접적으로 전후좌우 사정을 해명했다. 사과의 성격이 가미된 설명이었다.

박근혜의 반응은 여전히 냉랭했다. 정몽준은 그 뒤에도 나에게 박근혜에게 사과할 것을 계속 채근했다. 심지어 1998년도 프랑스 월드컵이 열리고 있는 파리에서 나에게 국제전화를 걸어 똑같은 말을 되풀이했다. 나는 사과하지 않았다. 나중에는 내가 사과를 더 이상 독촉하지 말라며 정몽준에게 역정을 냈다. 나와 박정희와의 악연은 그렇게 질기게 대를 이어 계속됐다.

박근혜는 '나'라는 존재가 껄끄럽게 여겨지는 게 당연했다. 내가 김재규의 변호인이었다는 사실 외에도 최태민 문제까지 인지하고 있다는 점이 박근혜를 불안하고 불쾌하게 만들었을 듯싶다.

박근혜와 최태민은 구국여성봉사단을 함께했는데 세평이 썩 좋지는 않았다. 최태민은 일제 강점기에는 순사로, 해방 후에는 경찰로 활동했던 인물이다. 경찰관에서 종교인으로 변신한 최태민은 사이비 목사라고 비판을 받았다.

최태민은 박근혜보다 무려 40살이나 연상이었다. 둘의 관계가 사람들 입에 오르내리는 게 박근혜에게는 득이 될 것이 없었다. 김재규는 최태민에 대해 "나라의 안위를 위해서는 교통사고를 내서라도 제거돼야 할 만큼 나쁜 사람"이라며 그를 무척이나 혐오했다. 박근혜가 최태민과의 관계를 사생활이라 주장하자,

박정희가 두 사람을 동시에 불러 왕조시대처럼 직접 친국까지
했다.

김재규가 10·26 사건의 정당성을 입증하기 위해 사건의 정황
을 설명해 놓은 항소 이유서와 항소 이유 보충서에는 최태민에
관한 언급이 나온다. 내가 가뜩이나 유신에 저항하면서 박정희
와 대립한 데다 최태민 문제까지 김재규 재판에서 거론한 상황
에서 박근혜가 나를 곱게 보기는 어려웠다. 김재규는 항소 이유
서에서 최태민과 박근혜의 관계를 이렇게 서술해 놓았다.

피고인(김재규 본인)은 1975년 5월 구국여성봉사단 총재로 있는
최태민이라는 자가 사이비 목사이며 자칭 태자마마라고 하고 사기
횡령 등의 비위 사실이 있는 데다 여자들과의 추문도 있는 것을 알
게 되었는데, 이런 일을 아무도 문제 삼는 사람이 없어서 대통령에
게 보고하였더니 박 대통령은 '정보부에서 그런 것까지 하냐?' 하면
서 반문하길래 피고인으로서는 처음에 대통령의 태도를 보고 놀랐
으며, 대통령은 큰 딸인 박근혜에게 그 사실을 알렸으나 근혜가 그
렇지 않다고 부인하여 대통령이 직접 조사하겠다고 하였는데, 그
조사 후에 최태민이라는 자를 총재직에서 물러나게는 했으나 그 후
알고 보니 근혜가 총재가 되고 그 배후에서 여전히 최태민이 여성
봉사단을 조종하면서 이권 개입을 하는 등 부당한 짓을 하는데도,
박 대통령은 "큰 영애도 구국여성봉사단에서 손 떼는 게 좋습니다.

회계장부도 똑똑히 하게 해야 합니다"라는 피고인의 건의를 받아들이지 않았던 일도 있어서, 대통령 주변의 비위에 대하여 아무도 문제 삼지 못하고 또 대통령 자신도 그에 관한 판단을 그르치고 있었다는 것입니다.

김재규의 항소 이유 보충서에는 이와 같이 기록돼 있다.

구국여성봉사단이라는 단체는 총재에 최태민, 명예총재에 박근혜 양인 바, 이 단체가 얼마나 많은 부정을 저질러왔고 따라서 국민, 특히 여성단체들의 원성의 대상이 되어 왔는지는 잘 알려져 있습니다. 그런데도 큰 영애가 관여하고 있다는 한 가지 이유로 아무도 문제 삼는 사람이 없었고 심지어 민정수석 박승규 비서관조차 말도 못 꺼내고 중정부장인 본인에게 호소할 정도였습니다. 본인은 백광현 당시 안정국장을 시켜 상세한 조사를 하게 한 뒤, 그 결과를 대통령에게 보고하였던 것이나 박 대통령은 근혜 양의 말과 다른 이 보고를 믿지 않고 직접 친국까지 시행하였고, 그 결과 최태민의 부정행위를 정확하게 파악하였으면서도 근혜 양을 그 단체에서 손 떼게 하기는커녕 오히려 근혜 양을 총재로 하고, 최태민을 명예총재로 올려놓아 결과적으로 개악시킨 일이 있었습니다.

최태민은 영부인 육영수가 급작스럽게 목숨을 잃은 뒤 "육영

수 여사가 꿈에 나타나 우리 딸 좀 잘 봐달라고 말씀하셨다"라는 내용으로 박근혜에게 편지를 보냈다. 두 사람이 인연을 맺은 계기였다.

이러한 까닭으로 인해 박정희의 가족 문제가 10·26 사건의 한 가지 배경으로 항소 이유 보충서에 포함되었다. 김재규의 항소 이유 보충서는 내가 평소에 존경해 마지않던 황인철 변호사가 작성했다. 일필휘지의 명문이었다.

박근혜는 최태민이 시키는 대로 하면 만사가 술술 잘 풀릴 것으로 믿었던 것으로 보인다. 최태민의 평판과 사람됨을 생각하면 박근혜가 최태민에게 빠진 것 자체부터가 말도 안 되는 일이었다.

최태민의 사위, 곧 최순실(최서원으로 개명)의 남편이었던 정윤회는 한때 박근혜의 최측근으로 통했다. 박근혜는 최태민과의 스캔들은 부인하면서도 한편으로는 최태민을 옹호하는 기묘하고 모순적인 자세를 취했다.

2007년은 이명박과 박근혜가 한나라당의 하나뿐인 대선후보 자리를 놓고 격돌했던 해였다. 경선이 한창 과열됐을 즈음 이명박의 가족들 가운데 한 명이 나를 찾아와 박근혜와 최태민의 관계에 대해 꼬치꼬치 캐묻고 돌아갔다. 하지만 이미 공개된 내용 외에 특별히 해줄 말은 없었다.

1994년 1월 19일, '민청학련 운동 계승사업회' 소속 현역 국회의원들이 마약 복용 혐의로 구속되어 갇혀 있던 박지만에 대한

영원히 정의의 편에

선처를 호소하는 성명문을 발표했다. 박정희 때문에 온갖 고초를 당했던 사람들이 그 아들의 구명운동에 나섰다.

성명에는 나도 이름을 올렸다. 내가 박지만을 향한 각별한 애정을 가진 것은 아니었다. 민청학련 사건이 터질 당시 박지만은 서울 중앙고등학교 재학생이었는데, 이철의 아버지가 때마침 그곳에서 교사로 봉직하고 있었다.

육영수 여사는 아들의 스승들을 청와대로 모셨는데 이철의 아버지도 초대됐다고 한다. 이철과 박지만이 그런 개인적 인연으로 묶인 터라 박지만에 대한 법원의 선처를 호소하는 성명서가 이철의 주선으로 탄생할 수 있었다. 이철 부자와 박지만 부자와 그리고 나까지 더해 모두 다섯 사람이 애증으로 이어진 이 세상이 나는 새삼 복잡하고 역설적임을 실감했다.

나를 도왔던 사람들

내가 마포에서 13대 총선에 출마했을 때였다. 내 지역구민도 아닌 경기도 수원에 거주하고 있는 어떤 시민께서 강신옥은 꼭 당선돼야 한다는 간절한 여망이 담긴 편지를 보내왔다. 아낌없이 주는 나무 같은 지지자들을 생각할 때마다 나는 늘 고맙고 든든했다. 동시에 깨끗하고 유능한 정치로 성원에 보답해야 한다는 묵직한 책임감도 더해졌다.

뉴욕을 자주 오가던 사업가 이수홍은 내가 국회의원이 되고 나서 뉴욕에 갔을 때 내게 많은 도움을 주었다. 그 인연으로 그는 한국에 올 때마다 나를 찾아왔다.

영원히 정의의 편에

이수홍은 국제 스포츠계에 인맥이 넓은 데다 열렬한 축구팬이어서 내가 정몽준 의원을 따라 월드컵을 구경 갈 때도 함께 다니며 여러 가지 도움을 주었다. 나는 그의 딸이 2010년 가을에 미국에서 결혼한다는 청첩장을 받았는데 아쉽게도 결혼식에 참석하지는 못했다.

이수홍은 영어를 잘했다. 중동 지역의 입찰 프로젝트에 참여하는 등 사업가로서도 만만찮은 수완을 과시했다. 그는 미국의 정치 명문가인 케네디 집안과 친분이 있었다. 영국에서 유학했던 미국 변호사인 그의 딸은 아랍의 여러 실력자와 교류했다. 아버지도 딸도 노는 물이 달랐다.

1999년 2월 4일, 존 F. 케네디 전 미국 대통령의 아들 존 F. 케네디 2세가 정몽준 의원의 초청으로 한국을 방문했다. 이수홍이 다리를 놔준 덕분에 성사된 방한이었다.

케네디 2세는 워싱턴 정가의 주목을 한 몸에 받던 앞길 창창한 정치 유망주였기 때문에 케네디 가문의 황태자와의 만남은 정몽준에게 도움이 됐으면 됐지, 나쁠 게 없었다. 이수홍이 케네디가와 친분이 두터웠고 정몽준은 장래 대선 출마 같은 큰 포부를 가질 만도 했기에 정몽준이 케네디를 초청하는 형식으로 이뤄진 빅 이벤트였다.

케네디 2세는 그가 창간해 운영하는 정치잡지 '조지George'에 현대자동차의 광고를 수주해 미국으로 귀국했다. 그런데 그해 케네디 2세가 비행기 추락 사고로 요절하고 말았다. 그로 인해 광고 계약이 흐지부지되면서 이수흥이 그 비용을 전액 부담하며 뒤처리를 전담해야 했다. 이수흥은 조정원 경희대학교 총장과 막역한 친구 사이여서 경희대 수원 캠퍼스에 케네디 기념 도서관을 건립해 기부하기도 했다.

제도보다는 사람이 중요해

내가 국회에 등원한 첫해인 1988년 5월, 양심수 석방 문제가 정치권의 긴박한 현안으로 떠올랐다.

전두환 정권을 무너뜨린 원동력은 위대한 민주시민의 힘이었다. 그 힘을 국회라는 제도적 틀 안으로 수렴해 민주화의 엔진을 더 힘차게 구동시켜야만 했고, 양심수 문제 해결은 민주주의를 속도감 있게 발전시키는 역사적 대장정에서 매우 중차대한 과제였다.

그즈음 야권을 이끌던 김대중, 김영삼, 김종필의 3김은 구체적인 실무적 검토 없이 총재 회담에서 '양심수 석방에 관한 특별 입법'을 합의했다. 군사 독재 시대에 민주화 운동을 펼치다 형식적 법절차를 어겨 형벌을 받은 양심수들을 구제하기 위해 특별법을 만들겠다는 취지였다.

나는 우리나라 국민이 민주화 운동에 헌신한 양심수들에게 얼마나 커다란 부채감을 가졌는지를 잘 알고 있었다. 그러므로 정치권은 민주화의 결실을 누리지 못하고 차가운 감방에서 여전히 신음하는 양심수들을 석방시킬 사명과 책임이 있었다.

그렇지만 야당 지도자들이 입법에 합의한 특별법은 헌법정신에 부합하지 않았다. 국민이 볼 때야 속이 시원할지 모르겠으나 이와 같은 특별 입법은 헌법에 규정된 대통령의 사면권을 침해하는 위헌적 발상일 위험성이 있었다. 국회는 양심수 석방 결의안을 통과시키는 정도의 역할에 그치는 게 타당했다.

나는 국회가 석방 결의를 하고 대통령이 사면권을 발동하는 게 최선의 방안이라고 보았다. 굳이 의회가 위헌 소지를 무릅쓰고 특별 입법에 나설 필요는 없었다. 3김의 특별법 발의는 선의로 해석하면 민주화에 가속페달을 밟겠다는 정치적 의지의 표현이지만, 곰곰이 생각하면 상투적인 대국민 정치쇼에 지나지 않았다.

국회는 무슨 문제만 생기면 특별법을 입법하고, 어떠한 범죄 행위가 사회적 쟁점으로 떠오르면 형량을 늘리는 방향으로 법안을 개정하는 것을 능사로 여기곤 했다. 현행법으로 충분히 다룰 수 있는 사안인데도 대중의 관심을 끌고, 정략적 이득을 도모하

영원히 정의의 편에

통일민주당 국회의원 선거 포스터

고자 국민을 위한다는 명목 아래 쓸데없는 일을 벌이기 일쑤였다. 특별법은 만병통치약이 아니다. 특별한 것이 많아서 좋을 게 뭐가 있겠는가? 국회의원들의 생각이 짧다고밖에 달리 해석할 길이 없었다.

통일민주당의 인권위원장직을 맡았던 나는 3당 총재의 합의에 즉각 이의를 제기했다. 결국 입법은 입법대로 불발됐고, 대통령은 사면권을 행사했다. 나는 소신파 국회의원으로 언론의 주목을 다시 한번 더 받으며 여론의 점수를 땄다.

그 대가로 3김에게는 점수를 왕창 잃었다. 그들의 야심 찬 프로젝트에 어깃장을 놓은 셈이 되었기 때문이다. 나는 국회에서의 양심수 특별사면 촉구 결의가 비록 입법의 형식을 띠지는 않았지만 그 권위와 영향력에서는 특별법과 비교해 조금도 뒤질 게 없음을 강조했다.

전두환과 노태우를 처벌한 김영삼 정부의 5·18 특별법도 반드시 특별법 입법이 필요했던 것은 아니다. 현직 대통령을 누가 기소할 수 있겠나? 내가 대통령 재임 기간에는 공소시효가 정지된다고 생각하는 까닭이다.

김영삼 정부가 특별법 없이 현행법만으로도 전두환과 노태우 기소가 가능하다는 게 내 견해였다. 그러나 국민감정을 고려하고 법률적으로도 더 확실히 못을 박아놓자는 차원에서 특별법이 제정되었고, 결국은 헌법재판소까지 가서 해당 법안의 위헌 여부를 가려야 했다.

나는 YS가 역사 바로 세우기를 통해 전직 대통령 두 명을 감옥에 보낸 일은 정의에 합치하는 결단이었다고 생각한다. 일각에서는 언제까지 과거사에 매달려 있어야 하는가 하는 회의적 시

각도 존재했지만, 법률적으로 마무리를 지을 필요성이 있었을뿐
더러 군사 독재자들에게 엄정한 정의의 잣대를 들이대는 일이 요
구됐음은 분명하다. 최고 권력자인 대통령도 잘못하면 처벌을
받는다는 것을, 쿠데타는 설령 잠시 성공한 듯 보여도 훗날 반드
시 법적으로 단죄된다는 것을 보여줬다는 게 특별법이 남긴 역
사적 교훈이다.

그렇다면 YS는 투철한 민주주의적 역사관에 근거해 역사 바
로 세우기 작업을 추진했을까? 그건 아니다. YS는 전두환 정권과
노태우 정권을 연달아 떠받친 한 축인 민정당과 살림을 합쳤다.
그러다 정권을 잡자마자 태도를 표변해 전두환과 노태우를 처벌
하겠다고 나섰으니, 앞뒤가 맞지 않았다.

역사 바로 세우기는 지방선거 패배와 야당의 정치 자금 공개
요구 등으로 말미암아 정치적 수세에 몰린 김영삼이 국면 전환
을 목적으로 꺼내든 회심의 승부수 성격이 강했다. 출발한 동기
는 순수했다고 볼 수 없으나 궁극적으로 올바른 길을 간 게 YS
의 전두환과 노태우, 두 사람에 대한 처벌이었다.

북한에서의 사법살인

"맞아요. 나는 나이브(naive, 순박한)한 점이 있어요. 그런데 정직하고 나이브한 사람은 왜 정치를 못 한다고 생각하는 겁니까? 왜 그런 비상식적인 상식이 통하느냐, 그 말이오? 그 얘기는 권모술수를 할 줄 아는 사람이 정치를 해야 한다는 얘긴데. 나는 나이브한 사람이 정치를 해야 한다고 생각해요. 나는 그런 사람들이 정치를 해서 정치가 개판이라고 생각해요. 나는 그 상식을 깨고 싶다는 겁니다. 지금 지역에 다녀보면 여전히 호응이 좋은 것을 느껴요. 내가 이번에 이기면 나이브한 사람도 정치를 할 수 있다는 것을 증명하는 거요."

(1996년 4월 월간조선과의 인터뷰에서)

내가 제도권 정치인으로 성공하지 못했던 가장 직접적 이유를 들자면 김영삼의 신임과 애정을 악착같이 구하지 않았다는 점이었다. 나는 처음에는 YS와 원만한 사이였지만 나중에는 그와 번번이 맞섰다.

나는 바른 소리를 하지 않는 정치는 정치가 아니라고 확신했다. 그러므로 당이 잘못된 방향으로 가는 모습을 조용히 수수방관만 하고 있을 수는 없었다. 그러다 보니 주류에 서지 못하고 비주류로 내몰려 줄곧 변방을 헤매야 했다.

유수의 유력한 정치 지도자들은 자신을 겨냥한 비판을 통 크게 수용할 수 있어야 한다. 그래야 그들이 영도하는 정당이 더 크게 발전할 수 있다. 통일민주당의 현실은 그렇지 못했다. 제왕적 총재에게 밉보이지 않아야만 중용됐다. 충성파의 대명사로 YS의 직계인사였던 최형우는 문민정부의 내무부 장관이 됐다.

우두머리에게 충성한 대가로 중요한 자리를 얻은 다음, 주어진 소임을 다해 조직의 발전과 성공을 이뤄내는 게 교과서적 의미의 이상적 출세일 수 있다. 그러나 정당이 뒷골목 건달패 집단과 비슷하게 되고, 국회의원들이 보스에게 맹종하는 조직원처럼 돼버리면 나라와 국민에게 희망과 미래를 만들어줄 수 없다.

김재규는 박정희의 집권욕이 애국심을 능가한 까닭에 박정희를 저격했다고 말했다. 박정희를 비롯한 한국의 주요 정치 지도자들의 대다수가 사적인 욕망을 이기지 못한 게 우리 정치가 굴

절되고 뒤틀린 중요한 원인이었다.

정치의 무대에서 본인의 뜻을 온전히 펴려면 내가 대통령이 되는 수밖에 없을지 모른다. 일인자를 따라다니는 추종자追從者가 되면 포부를 펼치는 일은 사실상 포기해야 한다. 문제는 일인자가 되는 게 쉽지 않다는 데 있다.

처음부터 대통령이 되려는 꿈을 갖고 정치에 뛰어들었으면 정치자금을 많이 모아야 한다. 그리고 대통령이 되기 위한 노력을 쉬지 않고 집요하게 기울여야 한다. 그 외의 대안은 없다. 나는 대통령은커녕 주류조차 되기 어려운 성정임에도 정치에 뛰어든 게 애당초 잘못이었다.

기자 출신인 박종렬 가천대 경영대학원장은 "대통령은 얼굴이 두꺼워야 한다. 그리고 양심에 더해 흑심도 있어야 한다"라고 주장했다. DJ와 YS 모두 그러한 유형의 인물이었음은 물론이다.

야스다 미키타(安田幹太·1900~1987) 박사는 일본 도쿄 대학 출신으로 경성제국대 교수를 지내고 변호사로 활동한 인물이다. 그는 자기 인생을 되짚어보는 회고록인 '독립독보(獨立獨步)'를 남겼는데, 나는 그 책을 야스다 박사의 제자인 고재호 변호사로부터 빌려 읽었다.

야스다는 태평양 전쟁이 한창일 때 경성제국대 교수를 사직하고 변호사를 개업했다. 그는 제자 중에서 이강국李康國을 미래의 대통령감으로 점찍으며 가장 아꼈다고 한다. 남로당으로 활

영원히 정의의 편에

동하던 이강국은 북한으로 갔다가 김일성에 의해 박헌영 등과 함께 숙청당하고 말았다. 그는 여성 간첩으로 암약하다 사형당한 김수임의 연인으로도 유명했다.

독립운동가 중에는 공산주의자들이 많았다. 이강국도 원산에서 좌익으로 활동하다 구속됐고, 야스다는 수제자인 이강국을 살리기 위해 변호에 나섰다. 이강국은 1심에서 징역 2년의 실형을 선고받았으나 2심에서는 집행유예 판결을 받았다. 판검사들이 모두 일본인이었으므로 법원에는 야스다의 지인들도 적잖았을 것이다. 야스다는 이강국이 그를 보호해 줄 것으로 믿고서 일제가 패망한 뒤에도 한국을 떠나지 않으려 하다가 결국은 쫓겨나다시피 일본으로 돌아가야만 했다.

야스다는 열도로 귀향한 후에도 이강국의 근황을 궁금해했다. 이강국은 북한 당국에서 요직을 차지해 야스다를 기쁘게 했다. 야스다는 출세한 제자가 비공식 외교사절 격인 지하대사地下大使로 일본에 왔다는 소문을 듣고는 매우 기뻐했다고 한다.

야스다는 이강국이 6·25 전쟁 직후 미국 스파이로 내몰려 박헌영朴憲永을 필두로 한 남로당 출신 인사들과 함께 총살형을 당했다는 비보를 접하고는 "내가 변호해서 살려준 사람이 자기 나라 사람들한테 사형을 당하다니"라며 애통해했다. 일본인 스승이 원산까지 가서 어렵게 구해낸 한국인 제자가 이념을 같이하는 동포에 의해 죽임을 당한 것이다.

이강국도, 박헌영도 김일성의 권력욕 탓에 목숨을 잃었다. 전형적인 사법살인이었다. 유신 법정, 히틀러 법정, 스탈린 법정, 김일성 법정 모두가 마찬가지였다. 정적을 죽이려는 목적을 띤 정치색 짙은 재판은 공정하고 정의로운 재판이 아니다. 한바탕의 잔인하고 비루한 사법적 쇼타임일 따름이다.

박헌영은 공산주의가 나라를 살리는 길이라 믿으며 북한으로 넘어가 김일성에게 충성했다. 김일성은 박헌영을 잠재적 도전자나 경쟁자로 여기고는 미 제국주의자들이 침투시킨 간첩으로 모략해 생명을 앗아갔다. 이승만과 박정희 같은 남한의 대통령들처럼 북쪽의 김일성도 집권욕에 눈멀어 나라를 망쳤다. 야스다의 회상을 읽으면서 나는 정치의 비정함을 다시금 느꼈다. 그리고 홀가분한 마음으로 정치권을 떠났다.

그럼에도 나는 정치를 비관적으로만 바라보지는 않는다. 김영삼과 김대중은 우리나라의 민주화 운동을 최전선에서 주도하며 최선의 성과는 아니었을지언정 차선의 결과물은 창출해 냈다.

나는 문민정부 시대를 실질적으로는 노태우 정부가 열었다고 생각한다. 1987년의 6·29 선언 이후 노태우는 DJ와 YS라는 막강한 경쟁자를 상대로 대선을 치르며 국민 직선으로 대통령이 됐다. 그는 이때 이미 군복을 벗은 상태였다. 김영삼 정부가 첫 문민정부였다고 주장할 수만은 없는 까닭이다.

영원히 정의의 편에

민주주의는 중우정치의 함정에 빠질 위험성을 배제하기 어렵다. 한계도 자주 노출한다. 그러나 민주주의는 장기적 관점에서는 발전과 개선의 길로 나아가는 시스템이다. 비관적인 염세론에만 마냥 젖을 필요는 없는 것이다. 서유럽 각국과 미국은 여러 가지 시련과 난관을 거치면서도 200년 넘게 민주주의의 전통을 착실하게 쌓아왔다. 우리나라 역시 그 길로 차근차근 나아가는 중이다.

6장

인생은 아름다워

영주에서 서울로, 그리고 다시 영주로

　나는 1936년 음력 9월 18일(양력 11월 1일) 경북 영주군 순흥면 지동리에서 5남 1녀의 막내로 태어났다. 아버지 강태홍은 내가 4살 때 돌아가셨다. 사진조차 없어서 선친에 대한 기억은 또렷하지 않다. 어머니는 93세까지 장수하셨다.

　우리 집은 농사를 지었는데 나보다 23살 위인 큰 형님 강도선이 막냇동생인 나를 키우다시피 했다. 그런 까닭에 큰형님의 장남은 나와는 한 살 차이밖에 나지 않는다.

　큰형님은 초등학교 졸업 학력이지만 워낙 성실한 데다 불필요한 행동을 하는 법이 없었다. 그는 학교 급사로 일하다가 시험을 보고서 영주 전매소 말단 공무원으로 취직해 전매소에서 정년퇴직했다. 교육열이 높았던 큰형님은 내가 책을 사달라거나 등록금을 내달라거나 각종 용돈을 챙겨달라고 조르면 늘 순순히 응했다. 나는 틈틈이 밭농사도 도울 정도로 큰형님을 많이 믿고 따랐다. 큰형님은 내 공부 뒷바라지에 각별하게 신경을 썼다.

나는 초등학교는 서부공립국민학교를 다녔는데 2학년 때 해방을 맞았다. 초등학교 때는 너무 어려서 일제 강점기에 대한 기억은 거의 없다. 광복의 기쁨을 만끽하기에는 어린 나이였다. 나는 유별난 구석도 없고, 모나지도 않은 평범한 모범생이었다.

둘째인 큰 누님(작고)까지는 초등학교까지 다녔다.

셋째인 둘째 형님부터는 교육 혜택을 조금 더 받았다. 둘째 형님은 세탁소를 운영하다 고향에서 과수원을 했는데 장남 강석심이 사업(하나마린 회장)으로 성공을 거뒀다.

셋째 형님 강신률은 1926년생으로 일제 강점기에 일본으로 건너가 소년 항공대 정비대를 다니다 해방이 되자, 귀국해 경찰전문학교 3기로 입학했다. 강신률은 6·25 때 전사해 동작동 국립현충원에 안장됐다. 셋째 형님이 더 오래 살았으면 사회적으로 큰일을 할 기회가 있지 않았을까 싶다.

넷째 형님은 고려대 경제학과를 졸업한 다음 회사원 생활을 했다.

어렸을 때 내 별명은 꿀밤이었다. 이마가 꿀밤처럼 둥글고 귀엽게 생긴 데다 학교 성적이 좋아서 붙은 별명이었다.

영원히 정의의 편에

1950년에 초등학교를 졸업한 나는 성북경찰서 정릉지서장이었던 강신률의 권유에 따라 6·25 발발 직전에 서울로 유학을 왔다. 초등학교 담임 선생님과 함께 서울에 와서 경기중학교에 응시했다. 왠지 시험이 너무 쉬웠다. 다른 학생들이 낑낑거리며 문제지와 씨름하는 동안 나는 유유히 문제를 다 풀고 먼저 자리에서 일어나서 나왔다. 아뿔싸! 당시 경기중학교 입학시험지는 앞면에 이어 뒷면에도 계속 문제가 이어져 있었다. 그런 줄도 모르고 남들보다 일찍 문제를 모두 풀었다고 생각했으니, 결과는 당연히 낙방이었다.

그 후에 중동중학교에 응시해 합격했는데, 알고 보니 1등으로 붙었다. 6월 10일 치러진 입학식 때는 신입생 대표로 인사까지 했다. 나와 나란히 중동중학교에 입학한 학생 중 한 명이 안동선 전 의원이다. 국회의원이 된 다음 내가 들어간 해의 중동중학교 입학자 명단을 찾아봤는데 전란으로 다 소실돼서 내 입학 사실을 증명할 수는 없었다.

중학교에 입학한 지 겨우 보름 만에 6·25 전란이 터졌다. 나는 막내아들을 뒷바라지하러 서울에 올라와 계시던 어머니와 함께 고향인 영주로 피난을 떠났다.

나는 그곳에서 영주중학교에 입학했다. 내 중학 시절은 6.25 전쟁 시기와 거의 겹쳤다. 학교가 다행히 후방에 있었기 때문에 전쟁의 참상을 많이는 실감하지 못했다. 나는 학교를 대표해 학업 경시대회에 출전할 만큼 공부를 잘했다. 초등학교에서처럼 평범한 모범생으로 중학생 시절을 보냈다.

내가 영주중학교를 다닐 때, 영주경찰서장이 언론인 최석채崔錫采 씨였다. 최석채 서장이 중학교 졸업 축사를 했는데, "영웅이 시대를 만드느냐, 시대가 영웅을 만드느냐"라는 취지의 연설을 했던 것이 어렴풋이 기억난다. 최석채는 그 후 언론계에 복귀해 이승만 정권 시절인 1955년 대구 매일신문에 '학도를 도구로 이용하지 말라'라는 제목의 사설을 쓴 것이 필화 사건으로 번지며 본격적으로 필명을 날리기 시작했다.

나는 최석채 씨와 아주 살가운 사이는 아니었다. 그가 우리나라 최초의 사우나였던 을지로 4가에 자리한 삼풍사우나에서 주변 사람에게 했던 말을 우연히 듣고는 살며시 웃었던 일이 기억난다. "내가 당신네 나이 때는 앞장서서 한 건도 하고 그랬는데 이제 당신네가 앞장도 서고 해야지, 왜 나만 나서라고 하느냐"라는 뼈 있는 푸념이었다.

아마 주변 후배들이 정작 자기네들은 뒤로 빠지면서 최석채를 향해서는 앞장서라고 자꾸 부추겼던 모양이다. 최석채는 정일권과 생일이 같았고 박정희와는 동년배였다. 사우나에서의 대화는 그가 박정희와 친해지기 전의 일이었다.

영원히 정의의 편에

링컨을 읽고 법률가의 뜻을 세우다

나는 1953년 경북고등학교 입학시험에 응시해 합격했다. 초·
중등학교 때는 늘 수석을 독차지했다. 경북고는 지역 최고의 명
문 고교인 만큼 내로라하는 수재들로 차고 넘쳤다. 그러기 때문
에 초등학교와 중학교 때처럼 독보적 학업성적을 기록하지는 못
했다. 나는 영어 공부를 열심히 해야겠다는 생각으로 학원에 등
록해 TIME지 강독반에 다녔다.

나는 고등학교 시절 일생의 꿈을 세웠다. 미군 부대에서 흘러
나온 《알려지지 않은 링컨》(The Unknown Lincoln. 데일 카네기·Dale
Carnegie 지음)이란 제목의 포켓북을 읽고서 정의로운 변호사가 되
겠다는 미래상을 그린 것이다. 링컨은 가난한 가정환경 때문에

정식 교육을 거의 받지 못했음에도 박식하고 글도 잘 썼다. 나는 링컨의 불굴의 입지전적 매력에 이끌렸다.

링컨은 엄청난 다독가였다. 꾸준한 독서가 선물해 준 풍부한 지식과 빼어난 순발력으로 타의 추종을 불허하는 유머와 위트를 과시했다. 그는 연극 관람 도중 암살당하는 비극적 결말을 맞이했다. 남북전쟁의 승리와 노예해방의 위대한 업적을 이룬 링컨은 사후에 미국인뿐 아니라 전 세계인이 존경하고 사랑하는 훌륭한 정치인으로 자리매김했다.

나도 고시에 합격하고 군 복무를 마친 뒤에는 다방면의 책들을 읽으려 노력했다. 특히 자서전을 많이 탐독했다. 벤저민 프랭클린의 자서전을 보고 그를 벤치마킹해 '나쁜 습관 버리기' 항목을 만들어 따라해 보았다. 그중 Temperance금주·절제 항목에서 아둔해질 때까지 지나치게 먹지 말고 기분 좋은 정도로만 마시라는 항목이 있어 나 역시 절주를 시도했는데 아깝게도 실패했다.

나는 1956년에 서울대학교 법대에 입학했다. 당시까지만 해도 캠퍼스는 그다지 시끄럽지 않았다. 이후의 우리나라 대학가의 분위기와 비교하면 가히 천양지차였다.

2학년 때 이승만 대통령의 양자이자 이기붕의 아들인 이강석의 '서울대 법대 부정 편입학' 문제로 동맹휴학이 벌어졌다. 강당에 모여 이강석의 입학을 성토했는데, 이강석이 스스로 학교에 나오지 않음으로써 비교적 큰 탈 없이 사태가 마무리됐다. 이강석 부정 편입 규탄 운동은 당시 법대 4학년이던 남재희 전 노동부 장관이 주도했다.

나는 대학교 2학년에 올라와 고시 공부를 시작했다. 나를 아버지처럼 키워준 큰형님을 생각해서라도 꼭 붙어야겠다는 일념이 강했다. 3학년 때인 1958년에 고등고시 10회 행정과 필기시험을 치렀는데 느낌이 썩 만족스럽지 않았다. 불합격이 예감되어 방황하던 그 무렵 군대에서 입영통지서가 날아왔다.

나는 징집영장이 발부되면 곧바로 입대할 생각이었다. 굳이 입대를 연기하고 싶지 않았다. 법대 교수님들은 군복무를 하느라 공부할 기회를 놓치면 제대해서 힘들다며 고시에 붙은 다음 입대할 것을 권유했다. 나는 병역의 의무를 다하는 게 우선이라고 믿었기 때문에 미련 없이 입대했다.

당시에는 학도병 군번Student Order·SO이란 제도가 있었다. ROTC학군사관 후보생 제도가 도입되기 이전에 존재했던 것으로 재학 중 입대한 대학생들에게는 1년 6개월 만에 전역할 수 있는 단기 복무 혜택이 주어졌다. 나는 3학년을 전부 마치지 못한 상태에서 1958년 11월 11일에 입대했다.

논산훈련소에 입소해 소대 편성을 했는데, 서울대와 고려대 학생이 대부분인 소대로 우연히 배정되어 나는 23연대 8중대 6소대에 편입됐다. 소대원 대다수가 대학생들이라 우리는 쉽게 친해졌다. 소대원들은 우리 소대에 '8·6회'라는 별칭을 붙이고 틈만 나면 동요 '엄마야 누나야 강변 살자'를 합창하며 고된 훈련병 생활을 견뎌냈다. 우리는 고된 훈련소 생활을 끈끈한 전우애로 이겨나갈 수 있었다.

훈련을 마치고 각자의 소속 부대로 배치되고 나서도 우리는 휴가 때가 되면 서울에서 만나 유명한 '자이언트 다방'을 약속 장소로 정해놓고 수시로 만났다. 약속은 신의 있게 잘 지켜져 8·6 회 회원들은 제대한 후에도 오랫동안 입대일인 매년 11월 11일이 되면 자리를 함께했다. 원조 86세대였을 수도 있을 8·6회 회원들은 사병 출신들임에도 사관학교를 졸업한 장교들 못지않게 돈독한 전우애로 뭉쳐 활발한 사회활동을 벌였다.

논산훈련소에서 한참 훈련받던 때였다. 기대하지 않았던 고등고시 행정과 필기시험 합격 통지서가 도착했다. 이한동 전 국무총리도 나처럼 군인 신분으로 고시 합격 사실을 알게 된 경우였다.

나는 훈련병들의 부러움 반, 질투 반의 눈총을 받으며 1주일 휴가를 받아 면접시험을 치르고 최종적으로 고시에 합격했다. 나는 고시 합격생이 됐으나 여기에 개의치 않고 사병으로 계속 복무했다. 행정과는 합격생이라고 해도 장교로 복무하게 하는 제도는 없었다.

단기 복무자들은 대개 전방 지역에 배치돼 기합과 구타와 노역에 시달리며 갖은 고생을 하는 경우가 많았다. 나는 고시에 합

　　　　　　　　　　　　　영원히 정의의 편에

격한 덕을 봤는지 군대 생활이 그렇게까지 힘들고 험하지는 않았다. 나는 강원도 화천에 주둔한 육군 21사단 백두산 부대 사단 보충 중대에서 근무했다. 처음에는 소총 부대로 발령을 받았다가 사단 사령부로 재발령이 났다.

육사 출신 장교의 시샘 때문에 잠시 곤욕을 치른 적은 있었다. 사단 사령부로 발령받아 가방에 잔뜩 책을 넣고서 사령부로 향했는데, 헌병 장교가 내가 배지를 잘못 달았다며 사령부 정문의 위병소에서 대기할 것을 명령했다. 그 장교는 나를 하염없이 대기시켜 놓고는 자기는 계속 근무를 섰다.

나는 그 틈에 배지를 다시 제대로 달았는데, 잠시 자리를 비웠다 돌아온 장교는 이번에는 책으로 가득한 내 짐을 보고서 뭔가에 심사가 뒤틀렸는지 나를 헌병대로 보냈다. 덕분에 헌병대에서 2주간 중노동을 해야만 했다. 배지를 잘못 단 게 2주간 중노동을 할 만큼의 중대한 과실은 아니었다. 대학에 다니는 학도병에 대한 군대의 부정적 시선이 작용하지 않았나 싶다.

중노동에 처한 나를 사단 법무관이 발견하고는 곧바로 풀어 줬다. 그 일을 빼면 내 군대 생활은 상대적으로 평탄했던 것으로 기억된다.

나는 이듬해인 1959년 여전히 군에 있으면서 고등고시 11회 사법과에 응시해 합격했다. 양과 합격이 지금 들으면 대단한 성취 같지만, 양과나 단과나 실상은 커다란 차이가 없었다. 행정과와 사법과는 시험 과목이 많이 겹쳤기 때문에 한쪽 시험에 합격하면 다른 쪽 시험을 볼 때 중복되는 시험 과목을 면제받는 경우가 잦았다. 양과 합격생이 적지 않았던 배경이다. 사법과에 합격하면 장교인 군법무관이 될 수 있었다. 대신에 복무 기간이 길었다. 나는 이왕에 하던 사병 생활을 이어가며 군을 마쳤다.

나는 1960년 4월 18일 전역했다. 바로 4·19 혁명이 발발한 때와 딱 맞물렸다. 제대한 나는 서울대 법대에 복학했다. 나는 복학생 시절에 내무부 수습 행정관으로 일했다. 내 본래 꿈은 '정의로운 법률가'였으나 행정 관료 경험도 이왕이면 해보고 싶었다.

내가 수습 행정관 일을 시작한 지 6개월이 지났을 무렵 내무부의 시정 과장을 비롯해 선배들이 줄줄이 사표를 내기 시작했다. 이승만 정권이 자행한 3·15 부정선거에 연루된 탓이었다. 나는 그 광경을 목격하고 행정 공무원 자리는 내가 있을 곳이 못된다는 회의적 생각이 진하게 엄습했다.

나는 행정관 수습을 마치기 전에 서울지법 사법관 시보로 전과했다. 검찰 시보와 재판관 시보를 거친 후에 서울지법 판사로 발령받았다. 중간에 실무 고시를 치르기는 했으나 불합격하는 사람이 없다시피 한 형식적 시험일 뿐이었다. 고등학교 때 마음먹은 법률가의 길에 드디어 들어선 것이다.

나는 자연스럽게 정년퇴임하는 그날까지 판사를 하기로 단단히 결심한 터였다. 변호사는 판사직이나 검사직을 오래 하다 퇴직한 중장년 선배들 몫으로 여겨지는 게 법조계의 일반적 기류였다. 나는 결심을 끝까지 지키지 못했다. 부당한 인사 발령에 대한 항의의 표시로 법복을 벗을 수밖에 없었기 때문이다. 법원 문을 나선 나는 초보 변호사로서 새로운 인생을 시작했다.

인권변호사 대 물권변호사

변호사로 개업한 지 얼마 되지 않았을 때였다. 나는 은사였던 유기천 서울대 법대 학장의 소개로 풀브라이트 재단 장학금을 받아 미국 예일대로 유학을 떠나게 됐다.

유기천 학장은 사법고시 합격생들을 대상으로 현재의 사법연수원에 해당하는 교육기관을 서울대 안에 사법대학원으로 설립할 계획이었다. 그는 장래의 사법대학원 교수를 양성하는 차원에서 내게 유학할 의사가 있는지를 타진했다. 나는 2년간의 유학 생활을 마치고 귀국해 변호사 일을 하며 사법대학원에 강사로 출강했다. 그러나 사법대학원은 곧 문을 닫고 말았다.

영원히 정의의 편에

나는 미국에서 수도 워싱턴에 소재한 의회도서관을 비롯해 세계적 명성을 자랑하는 유수의 도서관들을 순례하며 독서에 탐닉했다. 나는 학문을 해야 한다면 법철학자가 되고 싶었다. 나는 목마른 사람이 물을 찾듯이 게걸스럽게 독서하며 법률가의 사명과 목표와 비전에 눈을 더 크게 뜨게 됐다. 이는 변호사로서 해야만 할 일이 산더미 같다는 의미였다.

책에서 배우는 법Law in Books과 현실에서의 법Law in Action이 다른 것은 단지 정도의 차이일 뿐이지 미국이나 한국이나 매한가지였다. 법률가의 의지와 활동에 따라 사회적으로 많은 변화와 개혁을 이뤄낼 수 있었다. 나는 변호사가 사회의 양심적 지도층 역할을 해야 함을 뼈저리게 절감했다. 고국에서 판사직에서 물러나 변호사를 개업할 때 느꼈던 막막한 심정이 이제야 비로소 가시는 듯했다.

미국 유학에서 학습한 내용과 체득한 경험은 내가 민청학련 사건을 변호할 때 크나큰 도움이 됐다. 서양 세계에서는 빈번하게 발생했던 어렵고 복잡한 인권 사건들에 대해서 어느 정도 사전에 공부가 돼 있었기 때문이다.

미국 사회는 인종차별이 극심했다. 심지어 엉뚱한 생사람을 살인범으로 몰아 사형에 처하려 하는 등 말도 안 되는 터무니없는 사건들이 한두 건이 아니었다. 훗날 나는 미국에서 접했던 사례들을 반추하며 민청학련 사건 변호에 필요한 전략과 방향성을 잡아나갔다. 어떤 힘든 사건에 직면해서도 법리와 사명감에 의지해 힘든 고비를 헤쳐 나간 선배 법조인들의 지혜와 용기를 잊지 않으려 했다.

유학을 마치고 한국으로 돌아온 나는 우리나라 최초의 여성 변호사인 이태영 변호사와 그의 사위였던 김홍한 변호사, 그리고 장대영 변호사 세 사람이 운영하는 김·장·리 법률사무소에 들어갔다. 이는 현재 한국 최대 법률사무소 중 하나인 김앤장보다 먼저 생긴 우리나라 최초의 로펌이라 할 수 있다.

그곳 사무소에서의 일은 내게는 도무지 적성에 맞지 않았다. 내 주된 업무는 기업 활동에 대한 법률적 지원 서비스였다. 다국적 석유 회사인 걸프Gulf를 비롯해 외국 기업을 도와주는 업무가 많았는데 좀처럼 보람과 자부심이 들지 않았다. 나는 법의 정신과 법철학을 중심으로 공부했다. 그간에 읽었던 서적도 인물에 관한 내용이나 인권변호사들의 활동상에 대한 기록 위주였다. 기업과 관련된 책들도 직업적 의무감 때문에 보기는 했으나 그다지 끌리지 않았다.

나는 인권변호사라는 타이틀로 불려 왔다. 내게는 너무나 과분한 호칭이다. 그러나 반가우면 반갑지 절대 꺼려지지 않는 브랜드가 인권변호사이다. 본디 변호사는 모두 인권변호사이다. 법은 인간의 권리를 보장하는 데 필요한 최소한의 도덕을 제도적으로 구조화한 것이기 때문이다.

영원히 정의의 편에

인권변호사가 있다면 그 대척점에는 물권변호사가 자리하고 있을지 모른다. 기업의 영리 추구 활동과 관련된 법조인들의 역할이 괄목상대할 정도로 커졌다. 나는 기업의 이익을 대변하는 변호사들을 '물권변호사'라고 지칭하고 싶다.

물권변호사들이 경제 발전과 국부 증진의 일익을 담당하고, 나라가 부유해진 결과로 국민의 삶이 윤택하게 된다면 물권변호사도 인권변호사의 한 종류일 수 있다. 나의 이런 호의적 해석이 견강부회나 아전인수가 되지 않도록 물권변호사들이 사적인 이익과 공적인 정의 사이에서 성숙한 균형 감각을 발휘해 주기를 바란다.

불같았던 처삼촌과 순둥이 아들딸

아내 길영자는 결혼 전, 서울 중구의 인현동에 살았다. 현재의 을지로 4가이다. 아내의 동네 이웃들 가운데 한 분이 내 누님의 친구였다. 그분의 중매로 아내가 이화여대 가정학과 4학년 때인 1960년 결혼식을 올렸다.

아내는 결혼 후에 전국적으로 치러졌던 졸업 시험을 봤다. 재학생의 결혼을 불허한 학칙을 위반한 셈이었다. 아내와 결혼할 당시 나는 검찰청에서 검사 시보로 실무를 수습하던 중이었다.

아내는 중학교 때 연식 정구 대표선수로 꼽힐 만큼 운동에 소질이 있었다. 그러나 성인이 돼서는 공을 거의 치지 않았다. 나는 아내와 함께 운동할 기회가 결혼생활 내내 없었던 게 지금 생각

영원히 정의의 편에

해도 너무나 아쉽다.

아내의 숙부는 '꺼벙이'와 '순악질 여사' 같은 만화를 그려 유명해진 길창덕 화백이었다. 나는 처삼촌인 길 화백과 자주 어울렸다. 길창덕은 그의 작품에 등장하는 주인공 캐릭터들과는 정반대로 근엄하고 과묵해 주변에 사람이 많지 않았다.

결혼을 앞둔 길창덕의 딸의 함이 들어오는 날에 나와 이수성 등이 함을 받는 일을 돕겠다며 자발적으로 신부의 집을 찾아갔다. 그런데 예비 신랑의 친구들이 함값을 너무 까칠하게 흥정하는 바람에 길창덕이 "이놈의 자식들이 너무 하잖아"라며 버럭화를 냈다. 당장 결혼 약속을 깰 듯한 기세였다. 우리 일행이 나서서 예비 장인과 함진아비들 사이를 가까스로 중재해 간신히 함을 받을 수 있었다.

우리 부부는 딸 둘과 아들 둘을 차례로 낳았다. 지금 기준으로 치면 많은 것 같지만 그 무렵의 잣대로는 황금비율이었다.

장녀 강정민(1964년생)은 서강대를 나와 영국 워릭Warwick 대학에서 사회학 박사 학위를 받고, 서강대와 국민대 등에서 강의했다. 어느 해 건강이 안 좋아 먼저 세상을 떠났다.

차녀 강정은(1966년생)은 서울대 가정관리학과를 졸업하고 전업주부로 지내왔는데, 남편이 한국일보 기자 출신으로 국회홍보기획관을 지낸 홍윤오다.

장남 강한승(1968년생)은 고려대 법대를 나와 서울고법 판사를 하고 청와대에서 법무비서관을 지냈다. 그 후 변호사를 하다가 기업의 대표로 회사 경영을 하고 있다.

막내아들 강동승(1971년생)은 연세대 의대를 나와 피부과 의사로 일하는 중이다.

네 자녀 모두 과외 공부도 시키지 않았는데 자신들이 알아서 공부를 잘했으므로 우리 부부는 아이들 때문에 속 썩을 일이 많지 않았다.

영원히 정의의 편에

술과 친구에 얽힌 추억

    나는 사건을 수임하면 수임료에 그다지 신경 쓰지 않았다. 사건 의뢰자의 형편에 따라 수임료를 책정했다. 그래서인지 일반 회사의 월급쟁이들과 비교하면 조금은 나았지만, 변호사로 일하며 큰돈을 벌지는 못했다.

    기억을 돌아보면 무료 변론을 한 경우가 꽤 많았다. 게다가 민청학련 사건 때는 나 자신이 구속까지 되었다. 석방된 이후에도 내 사건이 대법원에 계속 계류돼 있었으므로 변호사 자격정지가 언제 확정 선고될지 몰라서 나는 2년 정도 가장으로서 가족의 생계를 제대로 책임지지 못했다.

변호사 업무를 사실상 개점휴업하고 있던 그때 우리 가족에게 주변으로부터 온정의 손길이 많이 뻗쳤다. 돈은 물론 쌀을 가져다주는 사람들도 있었다. 구치소에서 나온 내가 '덕불고 필유린(德不孤 必有隣·덕은 외롭지 않아서 반드시 이웃이 있다)'이란 소감을 피력한 것은 주위의 응원과 도움을 체감했기 때문이다.

내가 손학규와 최상룡과 김영작을 무료 변론한 것은 친구인 이수성의 부탁 때문이었다. 그러던 내가 되레 덜컥 구속되자, 아내는 성산동의 단독 주택을 팔아 강남에 있는 아파트를 사려고 했다. 그 무렵에는 강북의 웬만한 집 한 채 값이면 강남 아파트 서너 채를 살 수 있었다. 지금 기준으로는 믿기 힘든 노릇이다. 아내로서는 생활 방도를 찾자는 시도였는데 이수성이 극구 만류했다. 나도 말렸다. 이수성은 괜한 짓을 했다며 현재까지도 내 아내에게 미안해하고 있다.

나는 젊은 시절에는 두주불사 스타일이었다. 남들은 나더러 안주를 거의 먹지 않고 술만 급하게 마신다고 했다. 회식만 했다 하면 2차, 3차로 이어지기 일쑤였고, 그마저 성에 차지 않았는지 내가 마포의 우리 집으로 가자고 할 때가 많았다. 밤늦게 우르르 몰려온 불청객들 탓에 아내가 고생이 컸다.

그런데 결국 술이 사단을 빚고 말았다. 13대 국회 때의 이른바 폭탄주 사건이다.

국정감사장에서 국회법제사법위원회 위원들이 법무부 장관

영원히 정의의 편에

을 앉혀놓고 질의를 했는데 중요한 쟁점들에 대한 질문과 답변은 거의 끝난 상황이었다. 그때 검찰이 조직적으로 야당 의원들을 상대했는데, 저녁 식사 자리에서 독한 폭탄주가 돌았고 나는 주는 대로 다 받아 마셨다. 그해의 국정감사가 파장 분위기에 이르러 긴장이 다소 풀린 탓이었다.

대취 상태였으니 차라리 의원회관이나 집으로 가는 게 좋았다. 나는 무슨 생각에서인지 기어코 국정감사장에 돌아왔고, 옆 자리의 동료 의원에게 "같이 그렇게 많이 마시고도 말은 잘하네"라는 취중 농담을 했다. 그 광경을 목격한 정치부 기자들은 중대사안은 아닌 만큼 불문에 부치기로 양해를 해주었다. 하지만 국감장에 와있던 H일보 사회부 기자가 이 일을 자사의 지면에 가십성 기사로 작게 실었다.

이를 석간 K일보가 톱기사로 크게 다루자, 이어 몇몇 다른 신문들도 받아 썼다. 그러자 전해 봄에 치러진 총선에서 나에게 고배를 마셨던 같은 지역구의 정치인 쪽에서 마치 기다렸다는 듯이 이 기사를 복사해 동네에 신나게 뿌렸다.

나는 이 일로 톡톡히 망신을 당했다. 생각하면 생각할수록 부끄러운 일이다.

테니스공은 둥글다

나는 테니스를 1969년 무렵에 시작했다. 일단 라켓을 잡기 시작하자, 테니스에 푹 빠지게 되었다. 어떤 날은 낮에도 치고 저녁에도 치고 하는 식으로 테니스 시합을 하루에 세 차례나 한 적도 있을 정도였다.

김종필 국무총리와 민관식 문교부 장관 같은 이름난 명사들이 테니스를 쳤을 만큼 테니스가 인기 절정인 운동으로 부상하던 때였다. 나는 운동능력이 그리 발달한 편은 아니었으나 열심히 치니 테니스 실력이 급속도로 늘었다. 법조인 중에서는 내 적수를 찾기 힘든 테니스 고수로 일취월장했다.

그런데 민청학련 사건에 연루돼 구속되는 바람에 테니스를 치지 못하게 됐다. 교도관들이 운동장에서 테니스 치는 소리만 들리면 좀이 쑤셔서 미칠 것만 같았다. 나는 테니스 잡지인 〈월드 테니스World Tennis〉를 구독하는 것으로 대리만족해야만 했다.

복식을 하는 사람이 많았는데 나는 단식 예찬론자였다. 단식 테니스를 하면 '마이 웨이My Way' 정신이 함양됨을 느낀다. 소신과 원칙을 가지고 자신의 인생을 자기 스스로 주도적으로 개척하는 정신이 자연스레 내면화되는 것이다.

더욱이 단식 시합은 복식 시합과 달리 참여자가 2명만 있으면 되니까 경기를 손쉽게 진행할 수 있다. 혼자 자기편 코트를 지키려면 몸을 역회전해야 하는 경우가 빈번하고 순간질주를 해야 하는 상황이 잦아서 운동량이 엄청나다. 타인에게 의지하거나 책임을 미룰 길 없이 오롯이 자신의 힘만으로 경기를 이끌어가야 한다.

단식 테니스는 마라톤을 연상시킨다. 나는 영화 〈포레스트 검프Forest Gump〉에서 주인공 톰 행크스가 고독하게 마라톤 코스를 완주하던 인상적 장면을 잊을 수가 없다. 테니스를 하며 땀을 흠뻑 흘리면 기분이 전환된다. 더군다나 테니스는 돈도 적게 들고, 시간도 많이 필요하지 않은 장점이 있다.

막내가 태어나는 순간에도 나는 테니스장에서 단식 경기를 하고 있었다. 지금 같아선 집에서 쫓겨날 일이었지만 그 시절의 한국 남성들은 밖에서 시간을 보내야 남자다운 삶을 산다고 생각하는 경향이 짙었다. 두 아들이 성장한 후에는 삼부자가 함께 테니스를 즐겼다.

운동하면 친구가 여럿 생긴다. 군말 없이 같이 부지런히 몸을 움직이고 흠뻑 땀을 흘리는 과정에서 자연스럽게 쌓이는 연대감과 동지의식의 결실이다.

나는 국회의원을 하며 정몽준, 박근혜, 이철 등과 자주 테니스를 쳤다. 정몽준과는 입법부, 사법부, 행정부의 삼부가 겨루는 테니스 대회에 국회 대표선수로 함께 출전해 우승컵을 거머쥐었다. 나는 요즘도 테니스장에 꾸준히 나간다. 나이를 먹어서인지 이제는 예전과 달리 단식 대신에 힘이 덜 드는 복식에 주력하고 있다.

나는 테니스광이자 등산광이었다. 과거에는 베테랑 산꾼 소리를 들을 만큼 등산을 즐겼다. 나는 산악 사진을 전문으로 촬영하는 김근원 작가와의 인연으로 등산에 입문했다. 나의 지지자들이 만든 신우信友산악회 고문으로 전국의 명산 순례에 나섰다.

골프의 경우 나는 국토가 좁은 한국에 어울리지 않는 운동이라고 생각한다. 그 때문인지 나는 국회의원이 된 뒤인 1980년대 말이 되어서야 별로 내키지 않은 마음으로 손에 골프채를 잡았다. 보통은 한 달에 한두 번 골프를 치는데 운동으로서는 역시 골프는 '아니올시다'이다.

우리나라는 일찍부터 '골프 망국론'이 인구에 회자하기 시작했다. 골프 망국론에 대찬성이었던 최석채는 본인이 골프를 배우더니 "국민 소득이 늘어나 이제는 칠 때가 됐다"라고 딴소리를 했다. 하기야 세상이 바뀐 건 사실이다.

7장

법의 역사는
정의와 불의의 투쟁사

TK 목장의 야생마

나는 정통 TK다. 경북고등학교 출신에 서울대 법대를 나왔고
판사와 변호사를 거쳐 국회의원까지 했으니 만약에 TK 족보가
있다면 세속적 기준에서 한 자리 차지하고 있었을 것이다. 거기
다 나는 보수적이기까지 하다.

그러나 TK(대구경북) 출신이라고 다 똑같지는 않다. 1988년의
일이다. TK 인맥의 본산인 경북고등학교 총동창회에서 노태우
의 대통령 취임과 나의 국회의원 당선을 축하하는 모임이 마련됐
다. 경북고 졸업생인 노태우와 나를 위한 자리였지만 나는 현장
에서 "이런 모임이 어디 있냐!"라고 일갈하며 분위기에 찬물을
끼얹었다.

굳이 노태우 당선 축하 모임을 가지려면 경북고 동문 중에서 노태우를 지지하는 사람들이 모여서 개최하면 될 일이었다. 동창회 전체의 이름을 내걸고 그런 행사를 강행하는 건 온당하지 않은 일이었다. 동창회 차원에서 거금을 모으고 동문을 총동원해 특정인을 지원하는 행위는 영락없는 후진국적 행태였다. 그러면서 무슨 명문고등학교를 자처한다는 말인가?

나는 노태우가 대통령 후보로 출마했을 때 그를 지지하지 않았다. 설령 누군가를 편들고 싶어도 들 수가 없었다. 나는 선거 중립의 의무가 있는 중앙선거관리위원이었기 때문이다.

나는 심정적으로는 외려 YS를 응원하고 싶었다. 중앙선거관리위원회 위원직도 통일민주당 추천으로 맡았으니, 도의적으로도 그게 맞았다. 경북고 졸업생들 가운데에는 나의 견해와 비슷한 생각을 지닌 사람이 분명히 또 있을 텐데 동창회 이름 아래 노태우를 지지하고 축하 파티를 열었다. 어불성설의 일이었다.

내 국회의원 당선 축하 또한 나를 지지해 주는 사람들이 따로 모여서 해야 마땅한 일이었다. 경북고등학교 동창생 중에는 내가 여당인 민주정의당이 아닌 야당인 통일민주당 소속으로 국회의원이 된 데 대해 불만을 품은 사람이 상당했을 것이다. 그런데도 경북고등학교 전체가 한마음으로 나의 국회 입성을 축하하는 행사를 진행했으니, 이 역시 말이 안 되는 짓이었다.

유학 시절에 목격한 미국 사회의 분위기는 우리나라의 풍토

영원히 정의의 편에

와는 크게 달랐다. 예일대학교 차원에서 특정 정치인을 돕거나 그의 선거 승리를 축하하는 행사를 기획해 실행하는 일은 상상조차 하기 어려웠다.

나는 예일대 졸업생과 재학생들이 예일대 출신 정치인이 선거에 출마만 하면 소속 정당이 공화당이건 민주당이건 가리지 않고 거교적으로 밀어주는 경우는 없다고 말했다. 예일대에서도 공화당원들은 공화당원끼리 모이고, 민주당 지지자들은 민주당 지지자끼리 어울릴 뿐임을 지적했다.

얘기 자체는 옳은 소리이긴 했으나 나의 당선을 축하해주겠다고 시간까지 내 모인 사람들 앞에서 지금 생각해 보면 그렇게 삐딱하게 굴 필요가 있었을까 싶기는 하다.

물론 그동안 내가 알게 모르게 대구 경북 사람들의 도움과 배려를 받았을 수 있다는 생각은 늘 해왔다. 이를테면 내가 지역구 의원에서 전국구 의원으로 밀려난 14대 국회 때도 처음에는 YS가 나를 전국구 명단에 밀어 넣은 줄 알았다. 그런데 나와는 경북고 동기 관계인 정해창의 얘기로는 노태우가 나를 밀었다는 것이었다. YS는 전국구조차 주지 않으려 했다고 정해창은 넌지시 일러줬다.

나와 정치적 지향점이 같았던 YS는 나를 배척했다. 내가 편들지 않았던 노태우는 오히려 나를 지원했다. 한국 정치의 깊은 속살을 드러낸 사례인지라 그리 유쾌하지는 않았다. 나와 노태우와

YS가 한집안 식구였던 민주자유당 시절의 에피소드이다.

민청학련 사건 때도 이런저런 학연과 지연이 작용한 덕분에 상대적으로 덜 고생을 했을지 모른다. 정해창은 노태우 정권에서 법무부 장관과 대통령 비서실장을 차례로 역임하는 등 나와는 다른 길을 걸었다. 정해창은 내가 민청학련 사건에 연루돼 옥에 갇혔을 때 법무부 과장으로 있었다. 그는 C 검사와 함께 특별 면회를 와서 사식을 사줬다. 아마 설렁탕이었을 것이다.

교도소 안에서 한 식사였지만 수감자에게 특혜임은 분명했다. 정해창은 밥을 사주면서 "정부 말을 들어라"라며 나를 은근히 회유했다. 나는 출소 후 정해창을 다시 만났을 때는 "출세하려고 면회 왔느냐?"라고 그를 신랄하게 다그쳤다. 민청학련 사건은 중대 사건이었다. 법무부 관리로서는 모종의 실적이 필요했을 수 있다. 그렇지만 나를 위해 특별 면회까지 온 정해창의 행동을 조금이라도 의심했던 일은 나의 속 좁은 생각이었다.

TK 출신들이 드러내놓고 도움을 주지는 못할지언정 나를 음지에서 티 안 나게 챙겨줬을 수는 있다. 나 역시 내 출신 배경에 든든해하는 마음이 내심 있었다. 아예 비빌 언덕조차 없어서 황당한 봉변을 당하는 사람들이 부지기수인 시대였다. 지연과 학연은 기존에 형성돼 있어 자기 맘대로 바꿀 수 없는 조건이었다. 나는 '정의'에만 집중하겠다고 다짐했다.

영원히 정의의 편에

정의의 여신에게는 국적이 없다

일본 도쿄 시내의 요지에 자리한 주택에 살던 한 일본인이 있었다. 아버지로부터 상속받은 200평가량 크기의 집이 그의 삶의 터전이었다.

그런데 주택은 물론 땅도 일본에 소유권 등기가 돼 있지 않았다. 집을 물려준 아버지가 일제 강점기에 한국에서 운영했던 회사의 자산이기 때문에 소유권 등기가 한국 법원에 돼 있었다. 아버지가 종전 후 일본으로 돌아와 세상을 뜨자, 아들이 자연스럽게 집을 물려받아 그곳에 거주해 왔다.

태평양 전쟁이 일본의 패전으로 끝나면서 법적으로 한국에 소재해 있던 다른 일본인 소유의 집들, 즉 적산敵産 가옥들과 마찬가지로 이 주택 또한 한국 정부의 자산이 됐다. 따라서 일본 현지의 법원에는 별도의 법적 조치가 내려지지 않은 상태였다.

선친으로부터 집을 물려받아 살아온 일본인은 오랫동안 실거주할 때 권리가 생기는 시효 취득에 따른 소유권을 확립하려면 그에 필요한 절차를 밟아야 했다. 그는 이 일을 한국인 법률 브로커에게 위임했다. 그런데 일을 위임받은 한국인 브로커는 막상 한국에 들어와서는 법원 등기 서류를 위조해 해당 부동산을 자기 소유로 만들어버렸다.

부동산 소유권이 엉뚱한 사람에게 넘어갔다는 사실을 인지하게 된 일본인 거주자는 한국인 브로커를 한국 경찰에 고소했는데 우리나라 경찰은 증거가 없다며 사건을 무혐의 처리했다. 그러자 일본인 거주자가 일본 내에서의 시효 취득 소송을 진행했고, 현지에서 이 사건을 의뢰받은 변호사가 재일 한국인인 김경득(金敬得·1949~2005) 변호사였다.

김경득은 일본 역사상 처음으로 외국 국적 변호사가 된 인재였다. 그는 와세다 대학교 법학부를 졸업한 다음 일본 사법 시험에 합격했는데, 일본 정부가 김경득이 일본 국적자가 아님을 내세워 사법연수원 입소를 거부했다. 김경득은 곧바로 투쟁에 나섰고, 여러 일본 변호사가 그를 도와 입소 거부 처분 취소 행정소송을 제기했다. 일본 정부가 몇 년 후 방침을 번복함으로써 김경득은 사상 최초의 한국인 일본 변호사가 되었다. 김경득이 선구

영원히 정의의 편에

자로서 문을 연 이래로 우리나라 국적의 일본 변호사가 줄을 이어 탄생했다.

김경득 변호사는 연수원 입소 전, 우리말 곧 한국어를 배우기 위해 모국을 찾았다. 내가 민청학련 사건으로 일본에까지 이름이 알려진 뒤라 우리는 서로 반갑게 인사를 나누며 친분을 쌓아 갔다.

김 변호사는 일본에서 재일교포들의 인권 향상을 위해 지문 날인 거부 운동, 일본군 위안부 전후 보상 소송 등을 주도했다. 김경득 변호사의 아들도 일본에서 사법 시험에 합격했다. 세월이 흘러 김경득이 별세하자, 그의 2주기에 추모집이 발간되었고 나는 책에 들어갈 추모사를 쓴 바 있다.

나는 김경득 변호사의 요청으로 그가 의뢰받은 주택 소유권 사건을 찬찬히 들여다보게 됐다. 내가 직접 등기소에 들러 등기 서류를 살펴보니 위조된 게 명백했다. 일제 강점기에 만들어진 서류들은 대체로 글씨가 깨끗하게 적혀 있었는데, 이 등기 서류는 필체가 비뚤배뚤해서 다른 서류와 다름을 단박에 눈치챌 수 있었다. 법원 직원들마저 '있을 수 없는 일'이라며 황당하다는 표정을 지었다.

일본인 거주자 측에서는 김경득을 통해 나를 증인으로 신청했다. 내가 국회의원에 당선된 직후의 일로, 아직 선서와 취임식만 하지 않았을 뿐이지 국회의원 신분과 매한가지였다. 나는 우리나라의 현역 국회의원과 진배없는 위상으로 일본 법원에 출석해 한국 등기 서류가 위조됐다는 견해를 피력했다. 그 일본인 거주자는 결국 일본 법원에서 승소해 집과 땅을 되찾을 수 있었다.

사태가 이렇게 정리될 기미가 보이자, 서류를 위조하고 경찰에서 무혐의 처리된 문제의 브로커가 나를 비난하기 시작했다. 그는 내가 일본 법정에 증언하러 출국하려 하자 항의성 전보를 보내왔다. "일본 놈 재산을 한국 재산으로 돌려놨는데 여길 왜 오느냐?"라면서 내가 일본을 편들며 마치 친일 행위라도 저지르는 것처럼 우기는 협박조 내용이었다.

내가 제주도에서 재일 교포들을 대상으로 강연할 기회가 생겼을 때였다. 그는 일본을 편들은 나를 어떻게 강연자로 섭외할 수 있느냐며 주최 측을 상대로 흑색선전을 펼쳤다. 사익을 정의로 포장하려는 얄팍한 수작이었다.

영원히 정의의 편에

서울대 법대는 '정의'라는
이름값을 하고 있는가

6·25 전쟁으로 말미암아 부산으로 피난을 떠났던 시기, 서울대 법대 입구에는 "하늘이 무너져도 정의를 세워라"라는 문구가 적힌 펼침막이 걸려 있었다고 한다. 나는 서울대 캠퍼스가 동숭동으로 되돌아온 시절에 서울대학교 법과대학을 다녔다. 이즈음의 서울대 법대 입구에는 '정의의 벨'이 걸려 있었다.

그러므로 내가 총선에 나가며 "영원히 정의의 편에"라는 구호를 내건 일은 매우 당연한 선택이었다. 법률가의 제일 덕목은 '정의감'이다. 나는 평생 정의감이라는 한 가지 덕목을 신봉해 왔다. 일관되게 정의로운 삶을 살아왔는지를 따지는 것은 물론 별개의 문제일 테지만….

서울대 법대의 영혼을 이루는 정신의 고갱이는 '정의감'이다. 그렇지만 정신과 현실은 따로 놀기 일쑤였다. 그로 인해 서울대 법대 출신을 비롯한 우리나라 법조계 인사들 사이에 만연한 전관예우 관행은 만악의 근원처럼 인식될 지경에 이르렀다.

정의를 법의 구체적 해석과 집행 차원에서 생각하면 복잡하고 까다롭게 보일 때가 많다. 정의의 본질이 무엇인지를 규명하려면 폭넓은 사회적 합의를 도출해야만 하는 번거로운 절차가 필요할 때도 있다. 더욱이 재판관이 되어 사건을 직접 꼼꼼하게 검토하기 전에는 실체를 파악하기 어려운 진실도 있기 마련이다. 제3자가 왈가왈부하기에 난해한 일들이 많다는 뜻이다.

보편적 복지와 선별적 복지의 우열을 따지는 일처럼, 론스타 사건의 실체적 진실을 밝혀내는 작업처럼 쾌도난마 식으로 일도양단하기 곤란한 쟁점들이 점점 많아지는 게 오늘날의 현실이다.

그러나 정의와 부정을 분별하는 게 늘 복잡하고 헷갈리는 일만은 아니다. 죄를 지은 사람에게는 죄를 묻고, 죄를 짓지 않은 사람에게 죄를 묻지 않는다는 이 명백한 원칙을 확립하는 데 일부러 어렵고 혼란스러운 환경을 조성해서는 안 되는 것이다.

죄를 짓지 않은 사람에게 죄를 묻고, 죄를 지은 사람에게 죄를 묻지 않는다면 이는 명명백백한 부정에 해당한다. 이 명백한 부정행위를 타파하는 데 난해하고 까다로운 고려 요소가 뒤따라서는 안 된다. 재벌그룹 회장도 죄를 지었으면 응당 벌을 받아야 하고, 내로라하는 권력자들도 잘못을 범했으면 그에 상응하는 법률적 책임을 져야만 한다.

과거에는 유신의 당위성을 강변하려는 의도 아래 고도성장을 위한 유신체제 불가피론이 나왔었다. 결과적으로 무고한 사람을 죽이기까지 한 유신체제와 경제성장이 무슨 상관이 있나? 그 어떤 핑계를 둘러대며 합리화한들 독재는 독재이고 살인은 살인일 뿐이다.

권력 공장의 법 기술자들에게

나는 어렸을 때 공부를 잘했다. 그러나 단지 공부를 잘한다는 이유만으로 특별 대우를 받는 게 불편했다. 그럴 때마다 나름대로 반발하고 항거했다.

내가 초등학교에 다니던 때는 길거리를 걸으며 음식을 먹는 모습이 선생님께 들키면 혼쭐이 났었다. 나도 음식을 먹으며 걷다가 걸린 적이 있었는데 공부를 잘한다는 이유로 선생님이 특별히 봐주려고 했다. 나는 처벌을 자청해 다른 아이들처럼 벌을 섰다. 동심 특유의 순진한 마음의 소산이었겠지만 내게는 그게 정의였다.

영원히 정의의 편에

나는 정의감은 천성적으로 누구에게나 있다고 믿는다. 그러나 가정과 학교와 사회가 어린이들의 순수한 마음과 원초적 정의감을 북돋고 길러주고 있는지는 굉장히 의심스럽다.

법조계에 진출해 겪어보면 알게 된다. 법조인들 가운데 법을 국민과 나라에 봉사하는 도구가 아니라 권력을 잡는 데 필요한 동아줄로 간주하는 인사들의 비율이 얼마나 높은지를.

이러한 타락상의 원죄는 박정희 정권에 있다. 박정희는 정권의 입맛에 맞춰 행동하는 자들을 골라서 주로 출세시켰다. 판사와 검사는 승진에 목매기 쉽다. 권력에 영합해야 승진하는 환경이 수십 년간 조장되어 온 것이다.

스스로의 양심에 반하면서까지, 혹은 최소한의 죄의식조차 느끼지 못한 채 유신헌법과 긴급조치 같은 괴물을 만들어내고 여기에 편승해 승승장구한 사람들은 어떤 식으로든 자기들의 행동을 정당화하려 시도해왔다. 그러나 국민은 그들을 법조인이라기보다는 '권력 공장의 법 기술자'일 뿐이라고 여기며 손가락질할 것이다.

판사 중에는 긴급조치 시절에 출세욕에 혈안이 되어 형량을 일부러 더 세게 때린 부류가 있었다. 피고석에 앉아 있는 사람들의 억울한 처지를 염두에 둔다면 너무나 끔찍한 일이었다. 유신에 부역한 판사들은 "실정법이 있어서 어쩔 수 없었다"라고 강변하며 비겁하고 구차스러운 변명을 늘어놨다. 심지어 자기 합리화

가 지나친 나머지 성경 구절까지 인용해 오는 어이없는 경우마
저 생겨났다.

신약 성경의 로마서 13장에는 "모든 권세는 다 하나님께서 정
하신 바라. 그는 하나님의 사역자가 되어 네게 선을 베푸는 자니
라. 그러므로 복종하지 아니할 수 없으니 진노 때문에 할 것이 아
니라 양심에 따라 할 것이라(개역 개정판)"와 같은 구절들이 있다. 민
청학련 사건 재판부에 참가한 군 장성이 기독교인이었다. 그가 "집
권자는 하나님이 선택하셨으니, 우리가 도와야 한다"고 로마서 13
장을 아전인수로 해석했던 기억이 나는 여전히 생생하다.

그때의 집권자는 당연히 박정희였다. 나치스 정권 시대의 독
일 교회는 집권자 히틀러를 도와야 한다는 자들과 본회퍼처럼
운전하는 사람이 미쳤으면 운전대를 빼앗아야 한다는 이들로 나
뉘었다. 박정희와 히틀러가 하나님이 선택하신 집권자여서 그들
의 살육과 만행을 도와야 한다는 주장은 터무니없는 견강부회였
다. 박정희의 법무참모 노릇을 자임한 판검사들은 용기가 없거나
출세하고 싶은 욕망에 굴복해 사표를 쓰는 대신 유신독재에 적
극 협력했다.

불의에 맞서서 분연히 사직서를 제출하고 법복을 벗는 선배
들이 많으면 많을수록 더 많은 후배가 그 뒤를 따른다. 그러면
불의한 세력이 법을 앞세워 판치지 못한다. 만약 히틀러나 박정
희가 하나님이 선택하신 집권자라고 진심으로 믿으며 그들을 도

영원히 정의의 편에

운 법조인들이 있다면 그런 법조인들은 본디부터 제정신이 아니었다고 할 수밖에 없다.

전두환이 박정희가 자행한 철권통치의 뒤를 이었다. 전두환의 5공 정권 때 재일교포 심한식 씨 간첩 사건이 일어나 내가 변호를 맡았다. 완전히 고문에 의한 날조된 간첩 사건이었다. 1심에서는 징역 7년 형이 선고됐는데, 1987년 2월 항소심에서 무죄판결이 났다. 그러자 충청 지역을 담당하던 보안사 부대가 끼어들었다.

전두환이 어느 날 행사차 지역을 방문했다가 한 지역 유지로부터 "이런 무죄판결을 내린 판사가 있다"라는 얘기를 듣고 "요즘도 그런 판사가 있나?"라고 한마디 툭 내뱉었다. 심한식에게 무죄판결을 내린 판사는 김헌무였다. 그는 전두환의 말 한마디에 곤욕을 치러야 했다.

김헌무 판사의 사연은 나중에야 언론에 공개됐다. 판결 때문에 봉변을 당하는 시대였으니, 소신과 기개가 있는 법관들을 찾기 어려웠다.

사법부는 과거의 잘못을 반성해야 잃어버린 권위를 회복할 수 있다. 한 사람이 잘못했으면 한 사람이 반성해야 하고, 집단 전체가 잘못했으면 집단 전체가 반성해야 한다. 사법부 개혁은 이러한 시각에 따라 추진돼야 한다. 용기가 없었던 부끄러운 과거를 이런저런 이유를 구질구질하게 제시하며 아무리 에둘러 호도해 봐야 무슨 소용이 있겠는가.

사법부가 과거와 비교해 뚜렷하게 건강해졌음은 물론이다. 사법부의 독립도 신장되었고, 법조인들의 전문성도 제고됐다. 그렇지만 용기 있는 판검사들은 아직도 찾아보기 힘들다. 법원과 검찰의 관료화 경향이 심화하고, 판검사들이 회사원처럼 돼버린 여파로 분석된다.

사법 개혁이 정권의 이념적 성격과 상관없이 국가적 화두가 된 지는 오래다. 나는 제도를 논하기 앞서서 법관과 검사들의 자세에 대한 문제 제기를 먼저 하고 싶다. 설령 제도적 개혁에 진척이 있어도 판검사들이 부패하면 말짱 도루묵인 탓이다.

검찰과 경찰의 수사권 조정 문제도 이러한 관점에서 바라볼 필요가 있다. 검찰이 그동안 국민의 신뢰를 받아왔으면 검경 수사권 조정은 애당초 논란이 될 사안이 아니었다. 독점적 권한을 갖고서 수시로 허튼짓을 하니까 민심의 비판을 받는 것 아닌가? 잘한 일도 없으면서 자기 밥그릇부터 챙기려다 사달이 났다고 하겠다.

일 잘하는 기관과 양심이 살아 있는 조직의 밥그릇을 국민은 깨지 않는다. 잘하는데도 밥그릇을 빼앗으려 하는 세력이 있다면 국민을 믿고 그들과 싸우면 된다.

아무리 세상이 복잡해지고 정의와 부정의 경계가 모호해져도 정의로운 사회를 향한 국민의 열망과 염원은 절대 사그라지지

영원히 정의의 편에

않는다. 불의한 사회나 부정한 국가에 대한 책임의 상당 부분은 법을 전문적으로 공부한 법조인의 몫이다.

국민은 법에 대한 전문성은 다소 모자라도 상식적 법감정을 품고 있다. 법조인은 대표적 사회 지도층이다. 노블레스 오블리주 정신을 항상 지킬 의무가 있다. 정의가 흔적조차 없이 실종될지도 모른다고 비관할 일은 아니다. 동서고금을 막론하고 정의의 불씨는 그 누군가에 의해 반드시 간직됐다.

생각은 보수적으로, 행동은 진보적으로

나는 우리 사회의 통념을 기준으로 재단한다면 보수적인 사람이다. 나는 국회의원 선거 운동을 하며 "영원히 정의의 편에"라는 구호를 외쳤다. 내가 생각하는 정의의 의미는 복잡한 개념이 아니었다. 죄가 없는 사람에게 벌을 주면 안 되고, 죄지은 사람이 있다면 성역 없이 벌을 줘야 한다는 것이었다.

나는 그러한 정의관의 연장선에서 YS가 이끄는 통일민주당에 들어가는 것이 정의로운 정치적 선택이라고 생각했다. 그러나 사법적 맥락에서의 정의를 정치적 차원에서의 정의로 전환하고 승화시키는 일은 만만한 일이 아니었다.

나는 김영삼을 선택한 결정 때문에 내가 창립 회원이었던 '민

영원히 정의의 편에

주사회를 위한 변호사 모임(민변)' 조직 안에서 따가운 시선을 받아야 했다.

나는 민변의 전신으로 1986년 5월 19일 결성된 '정의 실현 법조인회(정법회)'에 원년 구성원으로 참여했다. 이 정법회가 1988년 만들어진 '청년 변호사회(청변)'와 합쳐지며 그해 5월 민변이 탄생했다. 나는 민청학련 사건과 관련해 무죄가 확정되면서 받은 형사 보상금 300만 원을 민변에 고스란히 전액 기증했다.

1990년 1월에 성사된 3당 합당을 내가 진심으로 환영할 즈음이었다. 하루는 대표인 홍성우를 위시한 민변 간부들로부터 만나자는 연락이 왔다. 민변 간부들을 만나니, 후배 변호사들이 내 정치적 진로 선택을 문제시하며 징계를 운운하더라는 얘기를 하는 것이었다. 자신들은 3당 합당을 야합으로 규정해 규탄하고 있는데 인권변호사 출신인 내가 합당의 당위성을 변절자처럼 떠들고 다녀서 무조건 징계감이라는 게 후배 변호사들의 논리였다.

나는 "정치적 견해에다 사법적 잣대를 들이대다니? 법을 공부한 사람들의 사고방식이 왜 그렇게 편협하고 경직돼 있는가?"라고 반문했다. 절이 싫으면 스님이 떠나야 했다. 나는 민변을 탈퇴했다.

내가 알아서 자진 탈퇴를 했으니, 민변으로서는 앓던 이가 빠진 격이었다. 창립 회원에 대선배인 나를 징계하는 일은 몹시 껄끄러웠을 것이기 때문이다. 나를 성토하던 이들은 나중에 DJ에 대한 비판적 지지 태도를 보였다. 내가 정치적 선택을 하면 착한 선택이고, 남이 정치적 선택을 하면 나쁜 선택이라는 식의 전형적인 내로남불 행태였다.

나는 통일민주당에 몸담았다가 YS를 따라 3당 합당에 찬성했다. 반면에 민변은 DJ 쪽으로 경도된 분위기가 강했다. 민변 사람들이 내가 YS 진영에 합류한 일을 불만스럽게 여긴 이유였다. 나는 김재규 구명 운동에 소극적이었던 DJ의 모습을 직접 본 경험 때문에 김대중과는 함께할 수가 없었다.

김영삼이 김재규를 구하는 일에 김대중과 견주어 조금 더 열성적이었던 까닭에 나는 YS의 진정성을 높이 샀다. 물론 나중에 보니 YS와 DJ 모두 대통령병 환자인 것은 오십보백보였다. 순진한 내가 이 점을 직시하지 못했을 뿐이다.

사법적 정의는 정치적 정의와 비교해 복잡성은 덜하고 명쾌함은 더하다. 정부가 사악하면 권력의 반대편에 있는 피고인들 편에 서면 된다. 나는 국회의원으로 일하면서 양심수 석방 활동을 전개했는데, 양심수 문제는 이념이나 정파와는 관계없는 인류 보편의 일이었다. 국가와 역사의 발전에 공헌한 무죄한 이들이 억울하게 고생하고 있으므로 그들을 감옥에서 나오게 하는 게 정의였다.

5공 특위 활동은 근본적으로 정의 회복에 관한 일이었다. 전두환의 5공화국은 광주학살, 삼청교육대, 일해재단 비리 등 그

해악이 한두 개가 아니었다. 권력의 견제와 균형의 원칙이 무너진 탓이었다. 노태우 정부 시절의 5공 특위와 김영삼 정부에서 입법된 5·18 특별법은 역사 바로 세우기 목적의 일들이었다.

국가보안법의 경우에는 이야기가 조금은 달라진다. 사상의 자유는 민주주의의 기본 전제이다. 단지 공산주의자라는 이유만으로 처벌할 수는 없는 법이다. 문제는 우리나라가 남북이 분단된 상황인 데 더해 6·25의 상흔이 아직도 곳곳에 역력히 남아 있다는 점이다.

홍성우 변호사도 한국의 분단 현실과 역사적 상처 때문에 고민하고 갈등했다. 그럼에도 홍성우는 피고인의 의견을 존중하고 그를 도와줘야 한다는 의견이었다. 나도 이념으로서의 공산주의를 무조건 금기시하지는 않는다. 하지만 현실 세계에서 공산주의를 실제로 실행하자는 데는 단호히 반대하고 있다.

나는 학생들이 인민민주주의를 추구하고, 북한 체제를 찬양하며, 주체사상을 옹호하는 일에 대해서는 바른길을 이탈한 행동으로 판단했다. 내가 그런 사건까지 변호해야 한다고 생각하지 않았다.

사상과 표현의 자유를 금압할 위험성을 전적으로 배제하기 어렵다는 측면에서 국가보안법은 폐지되는 것이 맞다. 대신에 형법을 개정해 국가보안법이 철폐된 공백을 메울 필요가 있다. 북한을 찬양하고 고무하는 말을 아무리 많이 해도 막상 행동으로

만 옮기지 않으면 처벌하지 못하는 게 현행 형법의 한계이다. 북한 체제에 대한 극렬한 동조가 말로만 하는 수준에 그치면 사상과 표현의 자유를 인정해야만 하므로 지금의 형법으로는 처벌할 수 없다.

국가보안법은 형법의 허점과 맹점을 보완하겠다며 만들어진 법이다. 등장 이래 국가보안법은 형법이 다루지 못하는 부분에 대한 유죄판결의 근거로 기능해 왔다. 형법을 개정하면 이 말 많고 탈 많은 국가보안법 시비에서 우리 사회는 마침내 해방될 수가 있다.

미국에도 반체제 인사를 처벌하는 법은 엄연히 존재한다. 우리나라에서 이제 국가보안법은 과거의 군사독재정권 시절과는 다르게 전가의 보도처럼 무분별하고 광범위하게 활용되지는 않고 있다. 예전에 김영삼 정부가 국가보안법을 개정하려고 시도했는데 민정당 계열의 반대가 극심해 무산된 적이 있었다.

우리나라 재벌들은 여론의 심판과 사법적 단죄를 수시로 받아왔다. 그럼에도 재벌 문제를 어떻게 처리하는 게 정의로운 길인지에 관한 사회적 공감대를 형성하는 일은 여전히 미완의 과제로 머물러 있다.

나는 재벌 자체를 나쁘다고만 생각하지는 않는다. 한국의 재벌기업 체제에는 역기능 못지않게 순기능도 있기 때문이다.

만약 재벌이 범죄를 저지르면 사법 당국이 나서서 구체적 범죄행위를 낱낱이 밝혀내 엄하게 처벌하면 된다. 재벌은 법으로 그 행위들이 규제된 법인이다. 법을 지키도록 유도하면 된다. 재벌이 불의해지는 책임의 상당 부분은 재벌들이 저지르는 불법적 행위를 눈감아온 정부에게 돌아가야 마땅하다.

떡값을 받은 유력 인사들이 재벌에 매수되어 명백히 잘못한 행위를 범한다면 예외 없이 법적 처벌을 받아야 한다. 재벌이 국가기관을 상대로 로비하거나, 정치인이나 공무원이 재벌의 부정한 돈을 받는 일이 발생하면 엄격한 법률적 잣대로 판단돼야 한다. 진보 성향 언론들은 재벌의 존재 자체를 아예 부정하려는 논조를 띄어왔다. 이러한 시각은 바람직하다고 보기 어렵다.

나는 점진적 개량주의 성향에 가까운 입장을 견지해 왔다. 정몽준 의원의 대통령 선거 운동을 지원할 때도 재벌을 돕는다는 생각은 없었다. 그가 재벌 2세여서 반대할 뜻도 없었다. 그 역시 만에 하나 자신이 선거법을 어긴다면 당연히 법의 심판대에 섰을 것이다.

불법적 상속과 부당한 특혜는 법의 그물을 촘촘히 짜서 봉쇄해야 한다. 심각한 범법행위는 사법적 절차를 가동해 추상같이 응징하면 된다. 이런 일까지 구태여 보수와 진보의 범주로 나눈다면 오히려 부자연스러운 일일 것이다.

이 당연한 일을 우리 사회는 너무나 오랫동안 제대로 실천하지를 못했다. 그 대신 자꾸 진보와 보수로 억지로 편을 가르려 했다. 기껏 갈라놓고 나면 어느 쪽이 진보이고 어느 쪽이 보수인지 아귀가 맞지 않는 사태가 끝없이 일어났다. 보수이건 진보이건 법을 공평하게 만들고, 이를 공정하게 해석·집행하고 난 뒤라야 자기 자리를 제대로 찾아갈 수 있기 마련이다.

나는 정의와 불의가 뻔히 구별되는 사건을 마주하면 보수와 진보의 구별이 무색하리만큼 과격해지곤 했다. 민청학련 사건 때 많은 변호사가 기록을 남기려면 재판에 참여해야 한다고 말했다. 나는 변호사가 정권이 꾸민 졸속 재판의 들러리가 돼서는 안 된다며 재판 자체를 거부할 것을 호소했다. 변호사가 참여하면 재판이 합법적으로 진행됐다는 알리바이를 정권에 헌납할 수 있었기 때문이다.

민청학련 사건 재판은 변호인이 의뢰인들을 도와주고 싶어도 도와줄 길이 없는 엉터리 재판이었다. 재판 거부는 의뢰인에게도, 피고인에게도 유일한 의사 표현의 수단이었다.

재판 거부는 평화적 시민 불복종 운동의 일환이다. 황인철과 조준희는 나와는 입장을 달리했다. 그들은 박정희 정권의 잘못을 지적하고 의뢰인들의 증언을 청취할 기회마저 거부할 필요는 없다며 재판 참여를 주장했다. 현장에서 최선을 다함으로써 패소할 때 패소하더라도 정권과 검찰의 주장이 왜 허구인지를 역사의 페이지에 구체적 기록으로 명확히 남겨놓아야 한다는 게 황인철과 조준희 두 베테랑 인권변호사의 믿음이었다.

영원히 정의의 편에

네 번의 구속과 치 떨리는 고문의 추억

나는 통틀어 네 차례 구속됐다. 민청학련 사건으로 첫 번째로 구속됐다가 이틀 후에 풀려났는데, 또 같은 사건으로 두 번째로 구속되었다. 두 번째 구속은 감옥에 오래 머물러야 하는 정식 구속이었다.

세 번째 구속과 네 번째 구속은 구속영장도 없이 불법으로 수사기관에 연행돼 끌려갔다. 그러므로 세 번째와 네 번째 구속은 실제로는 법적 구속으로 해석할 수 없는 불법 감금이었다.

1980년 5월 20일은 대법원이 김재규에게 사형 선고를 확정한 날이었다. 나는 법원에 재심 청구서를 제출하고 사무실로 돌아가는 길에 서울 중구 무교동에 자리한 코오롱 빌딩 앞에서 보안사령부 소속 기관원 두 명에게 체포되었다. 나는 곧장 서빙고 보안사 분실로 끌려가 보름 동안 구금되었다.

전두환이 사령관으로 있던 보안사는 단연 무시무시한 곳이었다. 보안사 서빙고 분실의 정식 명칭은 대공처 6과였다. 김재규를 포함한 수많은 사람이 이곳에서 혹독하고 살인적인 고문을 당한 탓에 대공처 6과는 서빙고 호텔 또는 빙고 호텔로 악명을 떨쳤다. 서빙고 분실은 이후 기무사 직원 아파트로 용도가 변경됐다.

보안사에서 수사는 끌려온 사람을 군복으로 갈아입히는 일로 통상 시작됐다. 그런데 신발만은 군화가 아닌 민간에서 사용하는 고무신을 신겼다.

첫 번째 절차는 수사관이 수사하는 시늉을 하다가 "뭐 좀 잘못된 모양이죠?"라며 안심을 시키고는 다른 방으로 데려가는 것이 보통이었다. 방을 옮기면 최초의 수사관은 슬그머니 자리를 피하고 대신에 다른 수사관 몇 명이 방으로 들어왔다. 그리고 다짜고짜 마구 때렸다. 보안사의 자랑 아닌 자랑거리인 구타 시스템이었다. 육군 대장으로 예편했던 김계원 청와대 비서실장조차 그러한 구타 시스템을 피하지 못하고 흠씬 두들겨 맞았다.

내가 훗날 전해 들은 바에 따르면 보안사의 구타 담당 요원들은 대개 다른 방에서 마작 놀음을 하다가 구타할 대상이 지정된 방으로 끌려오면 그 즉시 상부의 명령을 받고 총알같이 뛰어나간다고 한다. 구타조는 자기네가 두들겨 패는 사람의 정체를 알

영원히 정의의 편에

려고 하지 않았다. 정체를 몰라야 두들겨 패는 데 망설임이 없는 연유에서였다.

그렇게 실컷 두들겨 패고는 아무 일도 없었다는 듯이 태연히 자리를 뜨는 게 이들의 임무였다. 보직치고는 아주 지저분하고 야만적인 보직이었다.

나는 보안사에서 실컷 두들겨 맞았다. 내가 잡혀갔다는 소문이 퍼지자, 많은 동료 변호사와 친구들이 그 즉시 피신해 몸을 숨겼다. 나는 맞을 때 본능적으로 잔뜩 겁에 질렸다. 그렇지만 백기완이나 김근태가 당한 고문에 비하면 내가 당한 고문은 약과였다.

나를 때린 구타조 중 한 명이 서울대 출신의 병사였다. 그가 나를 알아봤다. 그는 내가 본인 아버지와 동년배라며 어떻게든 사정을 봐주려고 노력했다.

"형식적으로 합시다. 아버지와 비슷한 나이신데 맞는 흉내나 좀 내세요."

그가 나를 알아본 뒤로는 매타작이 줄어들었다. 나는 후에 그를 사회에서 만나 그때의 일에 대한 고마움의 표시로 술을 대접했다.

나는 1980년 5월 24일 서빙고의 보안사 지하실에서 김재규와 박선호에 대한 사형이 집행됐다는 슬픈 소식을 텔레비전 방송을 통해 비통한 심정으로 접하게 되었다. 김재규와 박선호가 형장의 이슬로 사라진 지 얼마 지나지 않아 김종필과 박재규 등이 차례 차례 보안사로 잡혀 왔다. 가족들은 그때까지도 내 행방을 몰랐다. 이수성에게 도움을 청해 내가 어디에 있는지 수소문하려 했는데 공교롭게도 이수성도 이미 신군부에 의해 수사기관으로 끌려간 뒤였다.

그때 마침 순찰조 중 하나가 내가 그에게 청하지도 않았는데 "집에서 모르죠?" 하더니 일반 공중전화를 이용해 내 가족들에게 내가 잡혀 있는 소재지를 알려줬다. 그는 나름 신경을 써서 바깥의 외부 공중전화로 통화를 했지만 소용없는 일이었다. 우리 집 전화가 진즉부터 도청된 탓이었다.

한동안 맞지 않고 지내던 나는 이 일이 빌미가 되어 또다시 엄청나게 두들겨 맞았다. 우리 집에 전화를 걸어준 그 친구도 몇 대 얻어터진 다음 보직에서 해임되는 곤욕을 치렀다. 그는 전역한 다음에 테니스 선수가 됐는데, 서빙고에서의 만남이 인연이 되어 나와는 최근까지도 교류를 이어가는 사이가 되었다.

보안사의 조사 내용은 새로울 게 없었다. 왜 김재규 구명을 선동하느냐, 어째서 박정희 가족의 명예를 훼손하느냐는 추궁이 지루하게 되풀이돼 이어졌다.

나는 남는 시간에는 성경책을 읽었는데 그럴 때마다 누구로부터 책을 전달받았냐는 조롱 섞인 질문을 받으며 이놈 저놈에게 한두 대씩 얻어맞았다. 완전 동네북 신세였다. 구약 성경의

영원히 정의의 편에

'사무엘 하' 편까지 진도가 나갔을 무렵 나는 풀려났다.

내가 인복만은 있었던 모양이다. 가는 곳마다 알아봐 주는 사람이 있는 덕에 그나마 고초를 덜 겪을 수 있었다. 민청학련 사건으로 구속됐을 적에는 유명한 전병용 씨가 거의 매일 같이 찾아와 필요한 것이 없냐고 물어보며 나를 세심하게 챙겨줬다.

전병용은 수감 중인 김지하의 메모를 교도소 밖으로 빼내고, 박종철 고문치사 사건 때는 본인이 수배 중이었음에도 불구하고 고문의 진상을 폭로하는 쪽지를 중간에서 전달했던 전직 교도관이다. 나는 전병용을 가교로 삼아 김정남과 편지를 주고받았다. 감옥에서 풀려나니, 도망갔던 변호사들이 찾아와서 "어떻게 됐냐?"라고 내 안부를 걱정스러운 얼굴로 물었다.

세 번째로 잡혀간 시점은 내가 김영삼으로부터 정치 입문 제안을 받기 직전에 YS 계열의 싱크 탱크인 민족문제연구소의 소장을 맡았을 때였다. YS의 소장직 제안을 수락한 이유는 민주화 운동에 기여하고 싶다는 데 있었다. 정치를 하려는 생각이 작용하지는 않았다.

민족문제연구소는 북한 문제 전문가인 서대숙 하와이대 교수를 초청해 학술 세미나를 개최했다. 서 교수는 김일성의 독립 운동 경력의 전부가 가짜는 아니라고 강연했다. 공안당국은 서대숙이 북한을 고무 찬양하는 데 일조했다며 나를 잡아 가뒀다. 현재는 학문적으로 정리가 거의 완료된 부분이지만 당시만 해도 북한에 조금이라도 유리해 보일 수 있는 사실을 말하면 그 즉시 모진 박해를 당하는 게 일반적인 실정이었다.

서대숙 강연은 몰래 개최한 불법 강좌가 아니었다. 서울 한복판인 명동의 YWCA에서 사전에 충분히 예고한 상태로 공개적으로 진행한 강연이었다.

나는 이번에는 남산으로 끌려가 2박 3일간 억류되었다. 통일민주당은 나를 즉시 석방하지 않으면 언론에 이 사실을 터뜨리겠다고 정권을 향해 으름장을 놓았다. 정말로 세미나 개최가 문제가 되어 잡아넣으려고 했다면 중앙정보부의 후신인 국가안전기획부 요원들이 강연장에 와서 강의 내용과 행사 진행 상황을 감시하다가 강연이 끝나자마자 바로 잡아넣었어야 사리에 맞았다.

한동안은 잠잠했다. 강연이 끝나고 서 교수는 미국으로 돌아갔고, 나는 어머니가 별세해 모친상을 치렀다. 상을 마치고는 중앙선거관리위원 자격으로 장관급 대우를 받아 해외로 견학을 다녀왔다. 그 이후 급작스레 잡혀갔다. 1987년 7월의 일이다.

그때는 얻어맞지는 않았다. 기관원이 취조실에서 조사를 시작하며 당장 나를 때릴 것처럼 일부러 공포 분위기를 연출하려고 손목시계를 요란하게 풀어놓는 정도였다. 나를 조사한 담당자는 박처원이었다. 박종철 사건이 벌어졌을 때 치안감 계급으로 치안본부 대공담당 5차장을 하고 있던 인물이었다.

박처원은 서울대생인 박종철 군이 남영동 대공분실에서 조

영원히 정의의 편에

사를 받다가 무자비한 고문으로 사망하자 수사관이 책상을 "탁" 하고 치니 박종철이 "억" 하고 죽었다는 엉터리 변명을 읊어대 우리나라 공권력의 위신을 땅바닥에 처박은 주인공이다. 이는 대한민국 공직 사회 최악의 오욕이자 흑역사로 남았다.

에필로그

강신옥을 역사의 평가에
오롯이 맡기며

한 사람의 일생을 한 권의 회고록에 온전히 담는 것은 원천적으로 불가능한 일이다. 그렇지만 그가 인생의 중요한 고비마다 기꺼이 선택해 걸어갔던 삶의 발자취는 비교적 뚜렷이 문자로 남길 수 있을 것이라 필자는 믿고 있다.

강신옥의 인생에는 세 개의 굵고 선명한 점이 찍혀 있다. 첫 번째 점은 양심적 법조인으로서이다. 두 번째 점은 민청학련 변호인으로서이다. 세 번째 점은 어느 법조인도 원하지 않았을 김재규의 변호인으로서이다.

본 회고록은 이 세 가지 굵직굵직한 점들에 관한 강신옥 본인의 육성 기록이다. 회고록에는 그의 꿈과 이상, 일상적 생각은 물론 그가 겪었던 고민과 갈등, 역사적 사건에 대한 견해와 평가 등이 인간 강신옥의 면모와 함께 생생하게 담겨 있다.

그가 평소 법과 정의, 인권을 얘기하면서 자주 강조했던 말이 있다. "권위주의 정권 시기라 해도 정의와 양심을 지키기 위해 자신의 직을 기꺼이 걸 수 있는 의롭고 용감한 판검사 다섯 명만 있었다면 수백~수천 명의 무고한 학생과 억울한 시민들의 희생을 막을 수 있었다."

이는 비단 권위주의 정권 시절에만 해당하는 말이 아닐 것이다. 민주주의 원칙과 삼권분립의 원리가 갈수록 위태로운 지경에 내몰리는 이 시대에 더더욱 와닿는 이야기이다. 이는 세상이 어떻게 요동칠지언정 사법부만은 마지막까지 깨어있고 살아 있으라는 강신옥의 간절한 호소이자 당부가 아닐까.

'사법살인'이라는 용어가 때로 정치권에서 언급되기도 한다. 이 말은 강신옥이 1974년 민청학련 재판 최후변론에서 처음 언급했던 용어였다. 강신옥은 이 재판(군법회의)에서 "법이 정치의 시녀, 권력의 시녀가 돼버렸다. 무고한 학생들에게 내란죄, 반공법 위반 등을 걸어 사형이나 무기징역을 구형해 그대로 선고하는 것은 러시아 차르나 독일 나치 재판과 다를 게 없으며 그것은 법을 빙자한 사법살인"이라는 취지의 즉석 구두변론을 했다.

그는 악법과 불의에 항거할 권리인 저항권을 역설하며 "기성세대 한 사람 변호인으로서 변호한다는 것이 차라리 피고인석에

앉아 있는 것만 못한 심정"이라고 분노의 사자후를 토했다가 곧
바로 법정 구속되는 고초를 겪었다. 변호인이 피고인들의 최후진
술도 못 듣는 희대의 '재판쇼'가 벌어진 것이다.

　박정희의 유산에는 빛과 그늘이 공존해왔다. 우리나라를 단
기간에 빈곤에서 벗어나게 해준 이른바 '박정희노믹스'의 긍정적
효과는 세계적으로도 이미 인정을 받았다. 강신옥이 저항한 건
박정희가 저지른 잘못들의 궁극적 결정체일 유신 독재 체제였다.

　유신의 막을 내린 결정적 초점사건이 10·26이다. 10·26은 강
신옥이 김재규를 변호하게 된 계기가 되었다. 그는 유신의 반대
편에 서서 인권과 민주를 변호했다. 민청학련과 유신과 10·26은
서로 연결됐고, 강신옥은 이 일들을 하나로 묶어내는 매개 고리
역할을 성실하고 헌신적으로 해냈다.

　강신옥은 김재규를 첫 재판부터 결심공판까지 독대로 접견했
던 유일한 변호인이었다. 1심 당시 김재규의 변호인은 21명이었으
나 1심이 끝난 후 김재규는 모든 사선私選 변호인단을 거부했다.
김재규는 이후 강신옥 한 사람과만 접견하겠다고 요구해 국선변
호인과 강신옥 등 총 7명으로 변호인단이 새로 꾸려졌다.

　강신옥은 김재규의 부관격인 중앙정보부 의전과장 박선호의
변호인이기도 했다. 그 때문에 그는 첫 재판부터 계속 법정에 나
와 있었다. 강신옥은 김재규와의 일대일 구치소 접견 기록을 대
학노트 한 권에 꼼꼼히 남겼다. 오랫동안 책상서랍 안에서 머물

영원히 정의의 편에

러온 그 기록들이 만시지탄의 감은 있으나 이 책을 통해 드디어 세상에 본모습을 드러내게 됐으니 매우 다행스러운 일이다.

강신옥은 김재규의 명예가 종국에는 회복될 것임을 믿으며 역사의 평가를 일컫는 '제4심'을 얘기하곤 했다. 그는 조선 시대 사육신의 신원伸冤이 사후 250여 년이 지나서 이뤄졌음을 예로 들었다. 박정희의 경우에는 그의 돌연한 죽음으로 말미암아 생전의 공적이 오히려 온전하게 평가받을 수 있었다. 역사의 반전이고 역설이다.

필자는 김재규를 영웅 아니면 반란자라는 이분법으로 재단하는 시각은 바람직하지도 않거니와 합리적이지도 않다고 생각한다. 진실은 아마 그사이 어디쯤 있을 듯싶다.

어떤 일이든 정확하고 객관적인 사실관계에 기초해 역사가 판단하고 심판하도록 해야 한다. 눈 밝은 독자들과 현명한 국민들이 그 판관 역할을 해야 할 것이다. 정확하고 엄밀한 역사적 평가가 이뤄지려면 본 회고록 같은 생생하고 구체적인 역사적 기록들이 더더욱 많이 필요한 까닭이다.

강신옥의 유족은 그가 생전에 소장했던 도서와 보관해온 자료 일체를 강신옥의 작고 1주기인 2022년 국회도서관에 기증하였다. 기증된 자료는 정확한 역사적 기록이 필요한 사람이면 누구나 열람할 수 있게 됐다. 이와 함께 법학계의 시각으로 바라본 법조인 강신옥의 삶과 철학 등을 집대성한 평전이 서울대학교 법

에필로그

학전문대학원 공익인권법센터 등의 작업을 거쳐 머잖아 발표될 예정이다.

생전의 강신옥은 본인의 자서전 출간에 극히 신중했다. 기존에 출간된 자서전들 가운데 상당수가 시종일관 자화자찬으로 점철됐기 때문이다. 반면, 정직함과 겸손함이 빛나는 수준 높은 타인들의 자서전을 접하게 되면 강신옥은 "솔직하고 진정성 있는 자서전이야말로 최고의 기록이자 문학"이라는 극찬을 아끼지 않았다. 그러한 자서전에는 다양한 사실Fact과 정보에 더하여 한 인간의 삶에 관한 솔직하고 입체적인 기록이 녹아있는 까닭에서였다.

강신옥은 소문난 독서가였다. 책읽기는 그의 평생 과업이었다. 그는 국회도서관에서 거의 살다시피 했다. 국회도서관에 오랫동안 근무했던 직원들은 "국회도서관 의원열람실에 있는 정치인들의 자서전과 저작물을 전부 읽은 사람은 강신옥 의원이 유일할 것"이라고 이구동성으로 증언했다.

이제 누군가 강신옥의 회고록을 읽게 될 것이다. 부디 이 회고록이 대한민국의 더 밝은 미래를 만드는 데 소중한 밀알이 되길 바란다.

2025년 1월 백림白臨 홍윤오

영원히 정의의 편에